Confiture de Figues
CONFITURE de CERISES
Confiture de Clémentines
Confiture d'Ananas
CONFITURE de PÊCHES
Confiture de Citrons

les confitures
sont un jeu
d'enfants

コンフィチュールづくりは
子どもの遊びです

河出書房新社

A MES PETITS-ENFANTS
THAÏS, ALEXANDRE
LUCAS ET DIEGO
AVEC TOUTE MON AFFECTION

ありったけの愛（あい）をこめて　この本（ほん）を
ぼくのまごたち —— タイス、アレクサンドル、
リュカ、そしてディエゴにささげます

コンフィチュールづくりは子どもの遊びです

文と絵をかいた人：ミシェル・オリヴェ
訳した人：猫沢エミ

Du même auteur :

これもボクの本だよ：

料理は子どもの遊びです

est un jeu d'enfants

お菓子づくりは子どもの遊びです

LES HORS d'ŒUVRE sont un jeu d'enfants

オードブルづくりは子どもの遊びです

くだものがだいすきなみなさんへ

みなさんがパンをたべるとき、なくてはならないよき相棒・ジャムのことを、フランス語で《コンフィチュール》といいます。つくるためにひつようなのは、旬のおいしいくだもの（や、やさいも！）です。

ところで日本のくだものは、とても甘くて水気をたっぷりふくんでいるのが特徴です。水菓子ともよばれる日本のくだものは、食後のデザートとしてたべられることがおおいため、それだけでまんぞくできるような甘さがひつようだからです。かたやフランスのくだものは、ぜんたいてきに水分がすくなくて、繊維がしっかりしていて、甘さと同じくらい酸っぱさやかおりがあります。たべかたも、デザートとしてだけでなく、肉料理のつけあわせにしたり、サラダにまぜたりとバリエーションゆたか。そんなフランスのくだものは、じっくり火をとおすと、生のときとはちがうおいしさがにじみでてくるのです。

フランスには、昔からそれぞれの家庭につたえられてきたコンフィチュールのルセット（フランス語でレシピのこと）があり、季節ごとのくだもののおいしさを旬のときにとじこめて、いちねんじゅうおいしいコンフィチュールがたべられるよう保存します。だって、フランスはパンの国ですからね！　コンフィチュールはとってもたいせつ。パンだけでなく、お菓子づくりやソースやドレッシングのざいりょうにと、だいかつやく。だからこの本には、くだものだけでなく、やさいのコンフィチュールも登場します。

この本をかいたフランスのゆうめいなシェフ、ミシェル・オリヴェさんが１９６０年代から出版したイラストいりの料理本（料理とお菓子の本）は、大ベストセラーになりました。同じシリーズの３冊目となるこの本では、おいしいコンフィチュールづくりのひみつを、プロのシェフならではの「うーん」とうなるようなポイントで、わかりやすくおしえてくれます。ひみつその１。コンフィチュールは、いっぺんにたくさんつくったほうがおいしくできる。つかうくだものの量がおおいのは、そういうわけなのです。

翻訳にあたっては、フランスと日本の食材や器材のちがいをかんがえて、《ポイント》の解説をいれるなど、より日本のみなさんがつくりやすいように気をくばりました。

子どもからおとなまで、年代をこえてあいされるこの本で、遊ぶようにコンフィチュールづくりを楽しみましょう！

ボナペティ！（さあ、めしあがれ）

猫沢　エミ

Sommaire

もくじ

びんについて

le nombre de pots réalisés pour

chaque recette correspond à

l'emploi

de pots

à fermeture

à vis

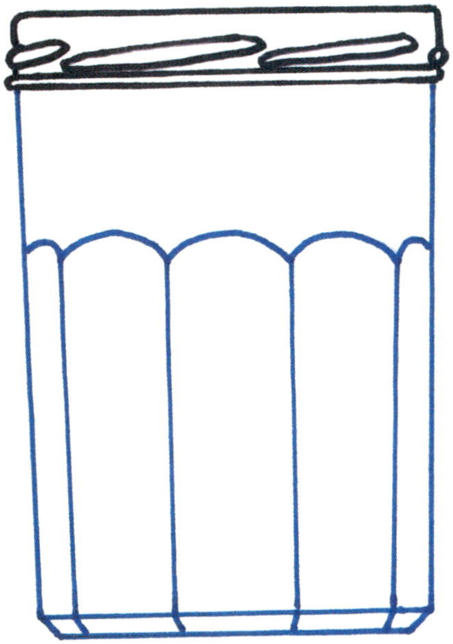

d'une contenance de 385 millilitres

それぞれのルセットでつくれるコンフィチュールの個数は
３８５ミリリットルはいる
スクリューキャップつきのガラスびんの数ぶんだよ。

アク（くだものをにると出てくるよけいな泡）とりのこと

laissez l'écumoire dans un saladier
d'eau froide et retrempez-la chaque fois.

CHANGEZ L'EAU DE TEMPS EN TEMPS.

ボウルにつめたい水をはっといて
アクをとるたび　穴じゃくしをゆすごう。
水はときどきかえてね。

なべについて

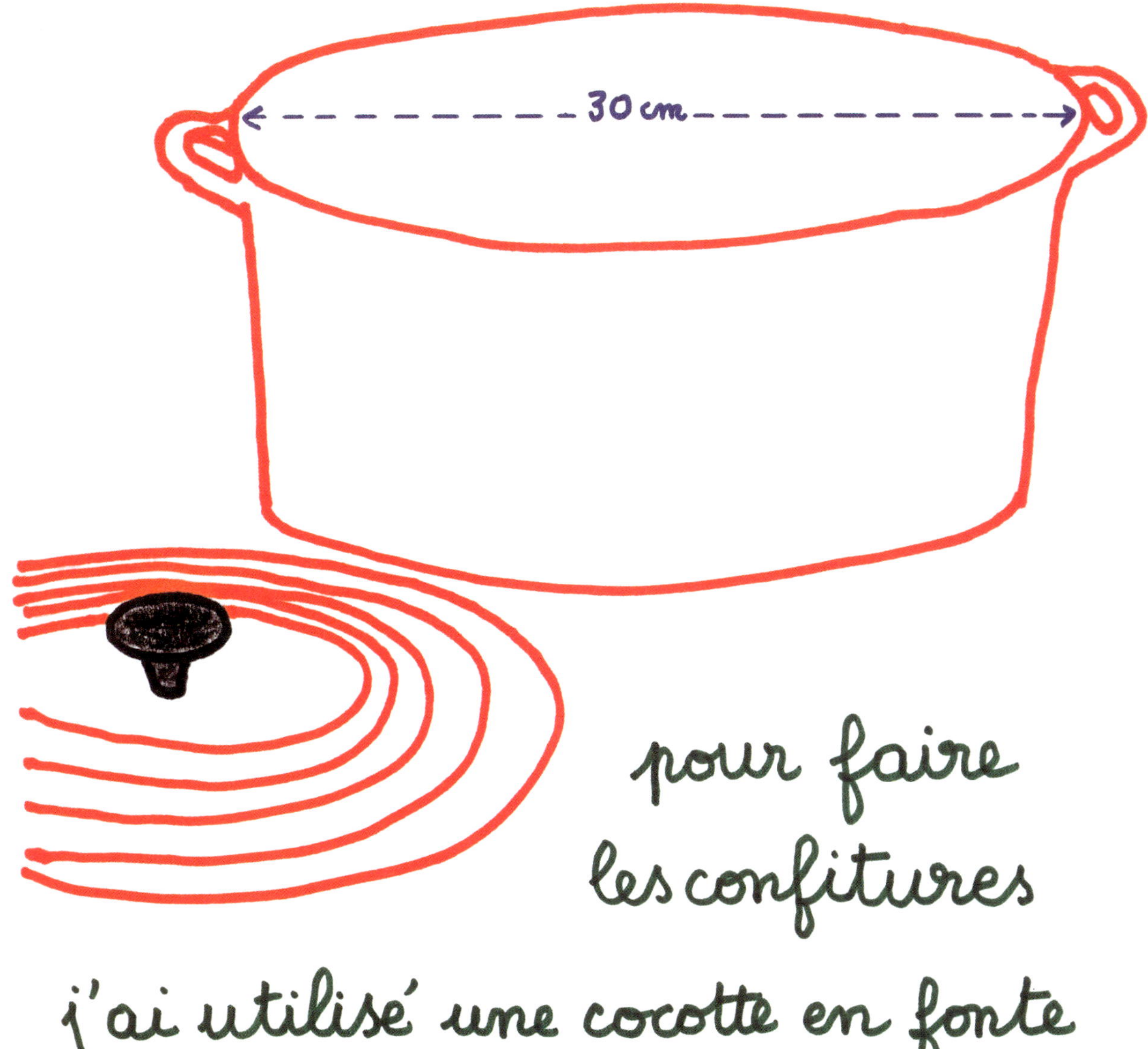

コンフィチュールづくりに
ぼくは直径３０センチの　ほうろうのココットなべをつかったよ。

びんにつめるコツ

コンフィチュールをびんにつめるには
(出口がひろい)
コンフィチュール用の漏斗をつかってね。

はかりについて

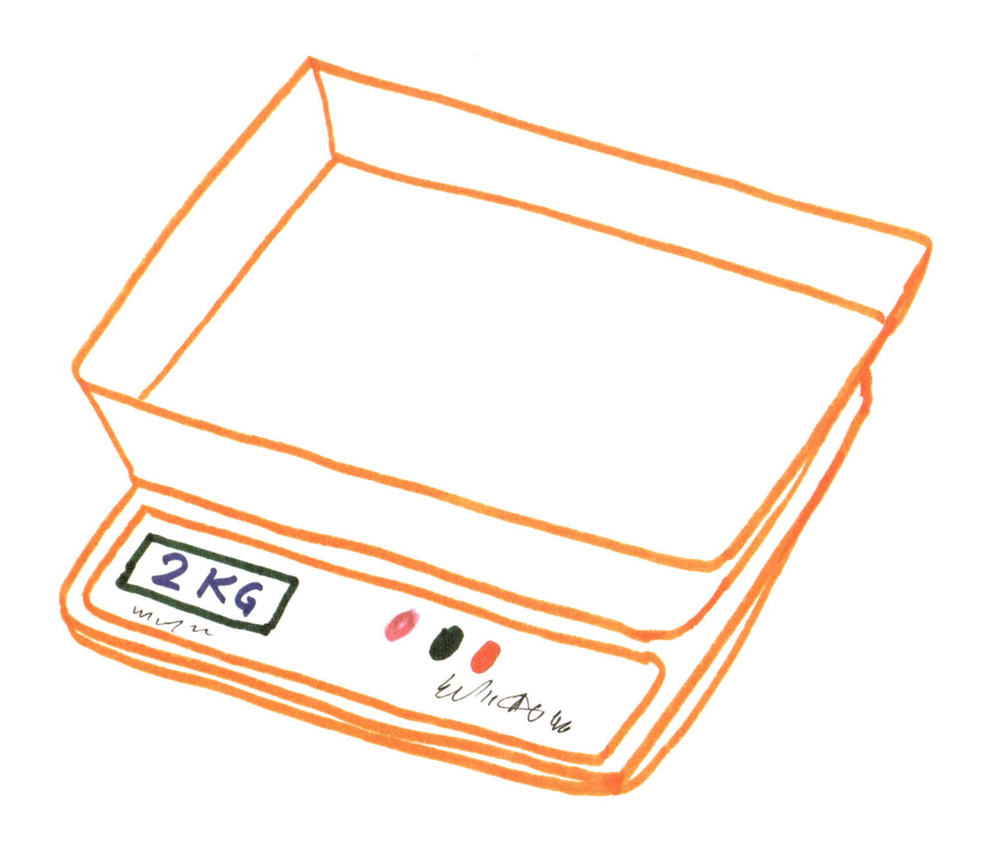

Choisissez une balance avec le plus GRAND plateau possible et qui pèse jusqu'à 2 KG.

ざいりょうをのせるところが　なるべくひろくて
２キロまではかれる　はかりをえらぼう。

コンフィチュールのためのスプーン

utilisez une cuillère en bois
uniquement pour les confitures

Il serait dommage que
vos confitures sentent le râgout...

木でできたスプーンを
コンフィチュール専用にすること。

せっかくつくったコンフィチュールに
シチューのにおいがついてたら
がっかりしちゃうよね。

カビをよせつけないコツ

Dès que les pots sont remplis et fermés
RETOURNEZ-LES sur la table

コンフィチュールをびんにつめて　ふたをしたら
すぐにテーブルのうえで　ひっくりかえす。

et laissez-les RETOURNÉS le temps
indiqué sur la recette.

Cette méthode empêche la moisissure.

ひっくりかえしたびんを
ルセットに書いてあるじかんどおり　ほっとこう。
これはカビをよせつけないコツなんだ。

ほぞんのしかた

Pour une longue conservation
il vaut mieux stériliser les confitures

長期（ちょうき）ほぞんしたかったら　殺菌消毒（さっきんしょうどく）をおすすめするよ。

Quand les pots remplis et fermés sont froids
rangez-les dans la cocotte (il en rentre 7)
couvrez-les juste d'eau froide, amenez à
ébullition et laissez bouillir doucement 15 minutes.
Laissez tiédir avant de débarrasser.

びんにつめてふたをしたコンフィチュールがさめたら
ココットなべにいれて（７コはいる）
びんがぜんぶ　かくれるくらい　つめたい水（みず）をそそいで火（ひ）にかける。
ふっとうしたら（火（ひ）をおとして）　１５分（ふん）そのままくつくつにる。
びんをひきあげるのは　お湯（ゆ）がぬるくなってから。

TENUE INDISPENSABLE

コンフィチュールづくりに かかせない服そう

une chemise à MANCHES LONGUES
pour éviter les éclaboussures
brûlantes sur les bras.

コンフィチュールがはねて
うでにやけどするのをふせぐための
長そでのシャツ

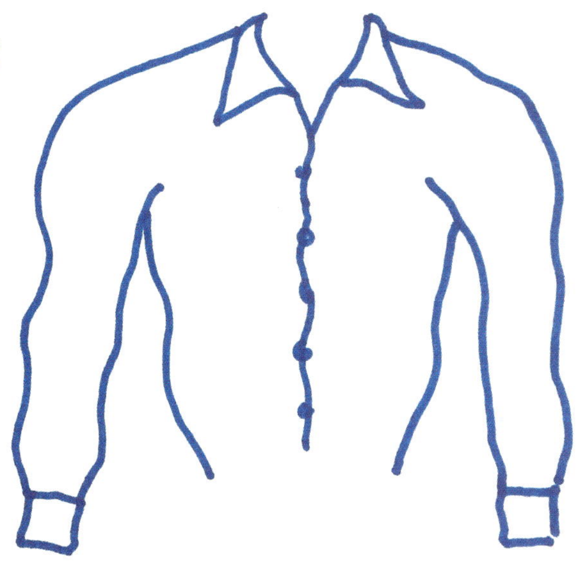

おおきなエプロン

コンフィチュールを味わおう

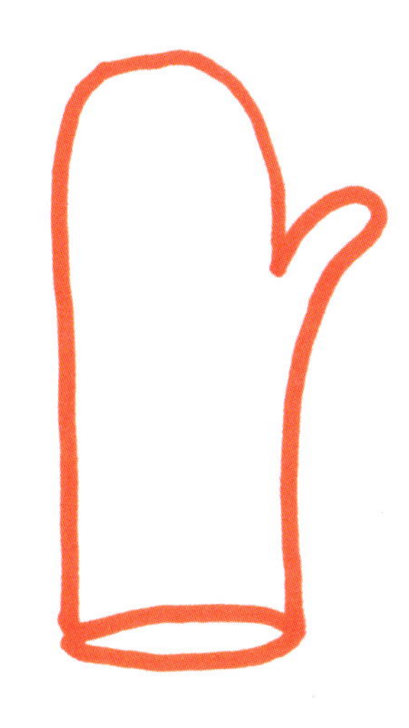

un gant ignifugé

耐火ミトン（もしくは　なべつかみ）

びんのしょうどく

avant utilisation
lavez soigneusement
les pots à eau bouillante.
Retournez-les
sans les essuyer
et laissez-les sécher.

つかうまえに
びんは熱湯でよくあらう。
ひっくりかえしたら
ふかずにかわくまで　ほっとこう。

計量カップ

LES iNDiSPENSABLES

**コンフィチュールづくりに
ひつようなどうぐ**

un timer
("minuteur" in French)

タイマー
（フランス語では“ミニュトゥール”っていうんだ）

cassez les noyaux.

Attention : c'est très dur

たねをわる。
きをつけて！
すっごくかたいから

ふっとうした
お湯のなかに
杏仁をいれて
１ぷんゆでる

jetez les amandes
pour 1 minute dans
l'eau bouillante

et pressez-les
entre les doigts
pour enlever la peau.

ゆびでぎゅっとおして
皮をとりのぞいたら
あしたまでとっとこう

Réservez jusqu'à demain.

ポイント！　杏仁ってなあに？

杏仁豆腐、たべたことあるかな？　これをつくるときにもつかわれる杏仁（“あんにん”とも読める）は、アーモンドににた、どくとくのあまいかおりがコンフィチュールをおいしくするよ。でも生の杏仁には毒があるから、けっして口にいれないこと（ゆでると毒はきえちゃう！）。

Confiture d'abricots 5 Pots

あんずのコンフィチュール（5びんぶん）

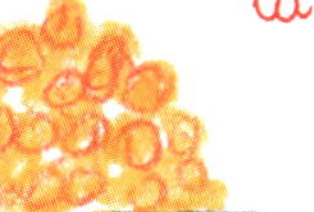

la veille

つくるまえの日：
あんず1.6キロをあらって水気をふいたら
2つにきろう。
なかのたねをとりだして　わったら
杏仁（あんずのたねのまんなかにある芯）を
とりだしておく（左のページをみてね）。

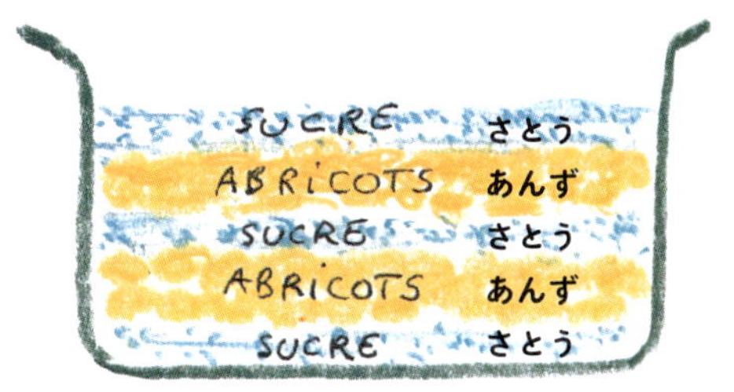

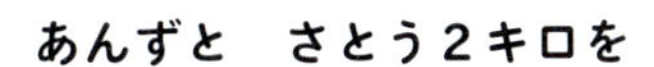

あんずと　さとう２キロを
（交互に）なべにしきつめたら　ふきんをかぶせて　つぎの日までわすれてね。

つぎの日：*le lendemain*
さとうはほとんど　とけてるはずだよ。
なべと火のあいだにクッキング・ガスマットをはさんで　強火にかけたら
そっとやさしくまぜて　グラっといっぺんおおきくにたたせよう。

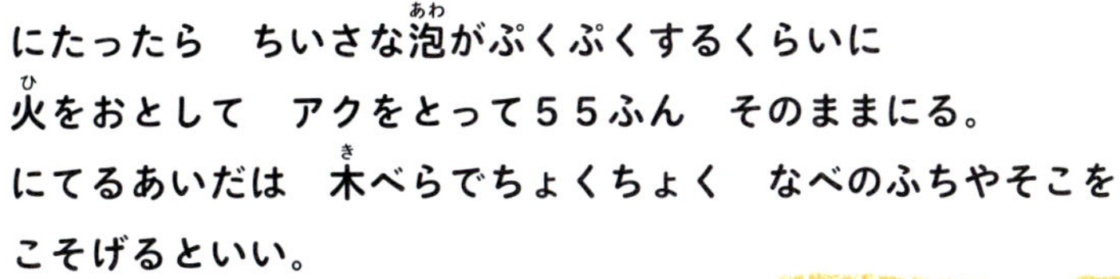

にたったら　ちいさな泡がぷくぷくするくらいに
火をおとして　アクをとって５５ふん　そのままにる。
にてるあいだは　木べらでちょくちょく　なべのふちやそこを
こそげるといい。

レモン１コぶんのジュースと
たねからとりだした
杏仁をいれたら
手をとめないで２ふんかん
かきまぜながらにる。

火をとめて
コンフィチュールを
びんにつめたら　ふたをして
２じかん　ひっくりかえしとこう。

dans le robot
réduisez
les abricots
en purée.

ミキサーで
あんずをピュレにしよう

Pendant la cuisson
raclez de temps en temps les
bords et le fond de la cocotte

にてるあいだに
ときどき
なべのふちやそこを
こそげるといい

ポイント！　バニラ・エクストラクトってなあに？

バニラビーンズのさやをアルコールにつけこんで、かおりを抽出（取り出すこと）したバニラ・エクストラクトは水に溶けやすいから、コンフィチュールみたいな水分のおおいお菓子づくりにもってこいなんだ。おなじく水に溶けやすいバニラ・エッセンス数滴で代用することもできるよ。

Gelée d'abricots　7 Pots

あんずのジュレ（７びんぶん）

あんず２．６キロをあらって水気をふいたら　２つにわって　なかのたねをとりだす。
はんぶんにわったあんずを　さらにちいさくきろう。
きったあんずを　４回にわけて　ミキサーにかける。
きれいなオレンジいろのピュレになったら　そのつど　なべのなかにいれる。

なべと火のあいだにクッキング・ガスマットをはさんで
中火にかけたら
さとう２．２キロ
バニラ・エクストラクトこさじ２はい
（なかったらバニラ・エッセンスを数滴）
レモン１コぶんのジュースを　なべにいれる。
さとうがとけるように　なべのそこをこそげながらまぜたら
強火にあげて　グラっといっぺんおおきくにたたせよう。

じかんをかけて　ていねいにアクをとったら
ちいさな泡がぷくぷくするくらいの　中火におとして　５０ぷんにる。

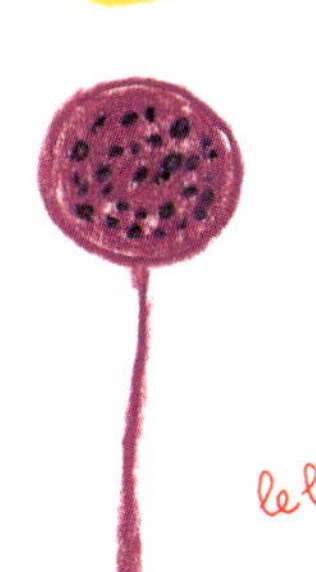

火をとめて
びんにつめたら
せいけつなふきんをかぶせて
つぎの日まで　おいとこう。

le lendemain
つぎの日：びんのふたをしめる。

ポイント！　クッキング・ガスマットってなあに？

熱のつたわりをおだやかにしてくれる、なべとコンロのあいだにはさむ金属製の板のことをいうよ。これをつかうと、なべの底がまんべんなくおなじ火かげんにたもてて、ふきこぼれやなべのこげつきもふせいで、コンフィチュールがおいしくできるんだ。

coupez les 2
bouts de l'ananas

パイナップルのあたまとおしりをきる

pelez-les
"à vif"

《ぶあつく》皮をむく

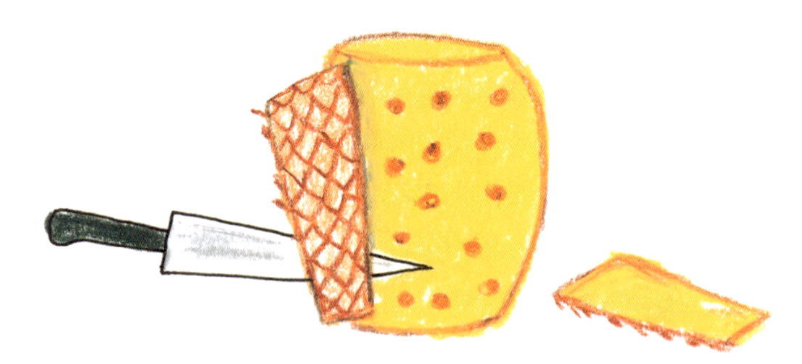

enlevez les yeux

め（ひょうめんのぽつぽつ）
をとる

partagez-les en 4
enlevez le centre dur

4つにきって
まんなかの　かたい芯を
きりおとす

coupez chaque
quart
en 5
tranches

それぞれを　また5つにきる

puis coupez les
tranches en
fines lamelles

それを　またまたうすぎりにして

puis en
petits
carrés

さいごは　ちっちゃなしかくにきる

Confiture d'ananas 7 Pots

パイナップルのコンフィチュール（７びんぶん）

パイナップル２.５キロの果肉がひつようだから
１コが１.３キロくらいのパイナップルを
４コよういしよう。

実をちっちゃくきったら（左のページをみてね）
なべにいれる。
水５００ｃｃ
りんごジュース２００ｃｃを２パック（ごうけい４００ｃｃ）も
なべにいれたら　強火にかけて
グラっといっぺんおおきくにたたせよう。

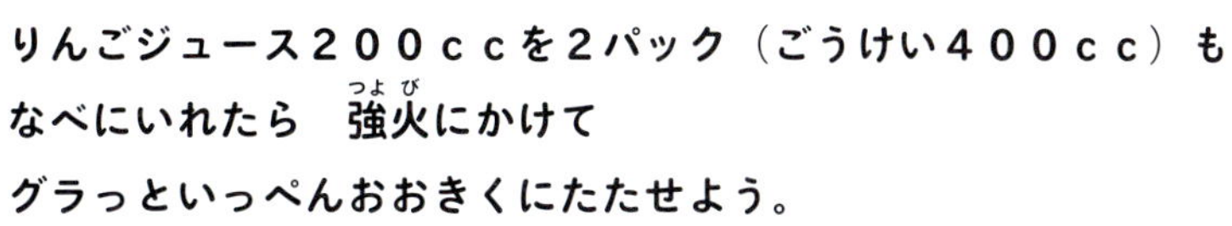

にたったら　ちいさな泡がぷくぷくする
中火におとして２０ぷんにる。

さとう２キロ
バニラ・エクストラクトこさじ２はい（なかったらバニラ・エッセンスを数滴）
をいれてまぜたら　グラっともういっぺんにたたせよう。

ちいさな泡が
ぷくぷくする火かげんで
ちょくちょくなべのなかみを
まぜながら２５ふん　にて
そのあと　さいごの５ふんかん
手をとめないで
かきまぜながらにる。

火をとめて
レモン１コぶんのジュースをまぜて
びんにつめたら　きっちりふたをして
２じかん　ひっくりかえしとこう。

une fois épluchée il restera 3,3 Kg de bananes

皮をむくと　バナナの実が　だいたい３．３キロとれる

← épaisseur des tranches

このくらいのあつさにきろう

ATTENTION :

la confiture SAUTÉ

Protegez votre main

気をつけて！
コンフィチュールは
はねるから
きみの手をまもって

cette confiture se conserve au réfrigérateur.

このコンフィチュールは
冷蔵庫でほぞんしてね

Confiture de Bananes 10 Pots

バナナのコンフィチュール（１０びんぶん）

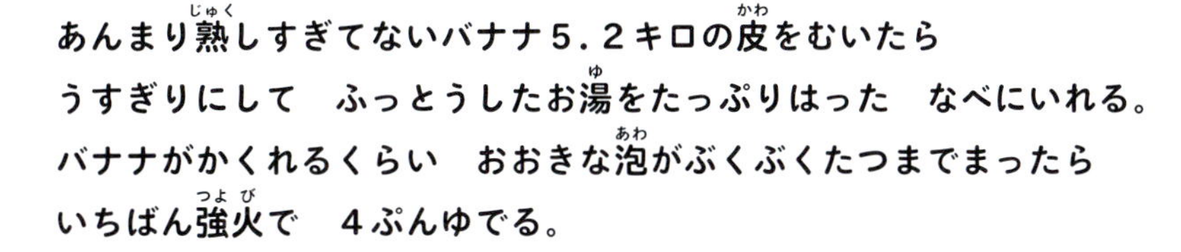

あんまり熟しすぎてないバナナ５．２キロの皮をむいたら
うすぎりにして　ふっとうしたお湯をたっぷりはった　なべにいれる。
バナナがかくれるくらい　おおきな泡がぶくぶくたつまでまったら
いちばん強火で　４ぷんゆでる。

ゆでたバナナを　ざるにあげて水をきる。
水気をふいたなべを強火にかけて
水６００ｃｃ　さとう２．５キロをいれてまぜたら
グラっといっぺんにたたせよう。

おおきな泡がぶくぶくする火かげんで４ぷん　にたら
さっきゆでたバナナ
シナモンこさじたっぷり１ぱい
バニラのさや１ぽん（２つにさいて　バニラビーンズをこそげる）
レモン２コぶんの皮をおろしたやつ　をまぜて
グラっと　もういっぺんにたたせる。

にたったら
ちいさな泡がぷくぷくする
火かげんにして
しょっちゅうなべのなかみを
まぜながら３０ぷん　にて
そのあと　さいごの５ふんかん
手をとめないで　かきまぜながらにる。

火をとめて
レモン２コぶんのジュース
ラム酒おおさじ２はい　まぜて
びんにつめたら　ふたをして
１じかん　ひっくりかえしとこう。

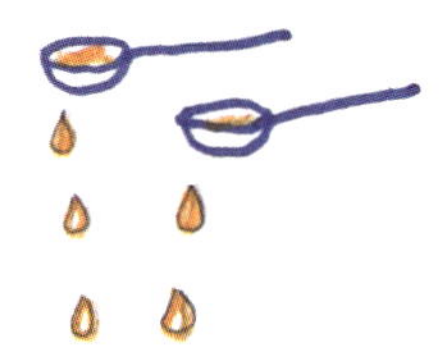

← taille du morceau de gingembre

しょうがのサイズはこれくらい

Confiture de carottes 9 Pots

にんじんのコンフィチュール（９びんぶん）

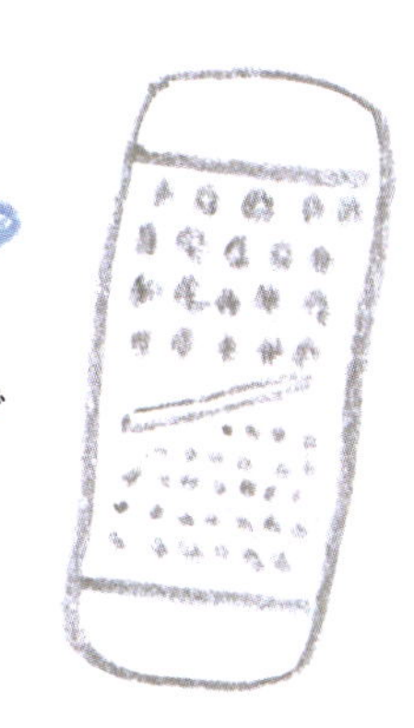

にんじん３．３キロの皮をむいたら
おろし金の穴のおおきいほうでおろして
にたったお湯をはんぶんのたかさまではった　なべにいれる。
グラっといっぺんにたたせたら　おおきな泡がぶくぶくする火かげんで
１０ぷんゆでる。

ゆでたにんじんを　ざるにあげる。

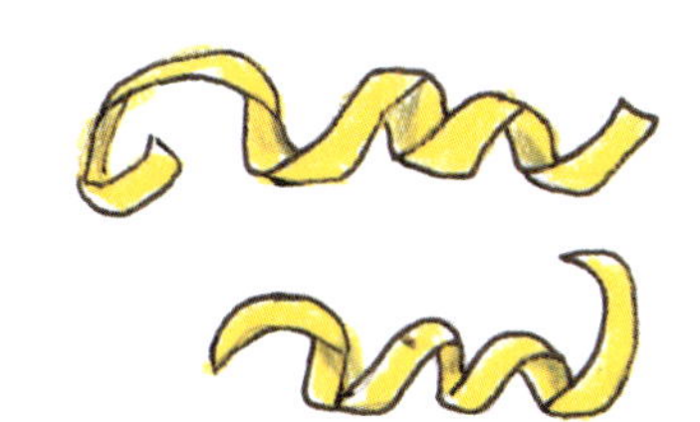

レモン２コの皮をリボンみたいなかたちにむく。
皮つきりんご３コを　くるくるかいてんさせながら
おろし金の穴のおおきいほうでおろそう（芯はのこす）。
皮をむいた　しょうが１かけを
おろし金のちいさい穴のほうで　すりおろしたら
レモン２コぶんのジュースといっしょに　まぜよう。

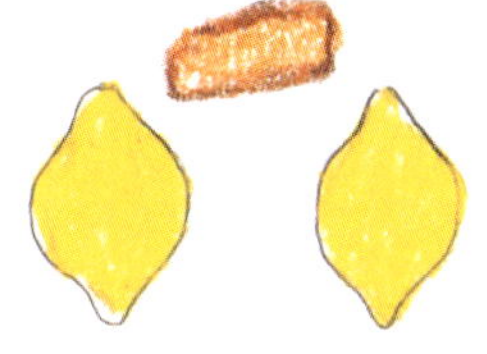

なべと火のあいだにクッキング・ガスマットをはさんで
強火にかけたら　水１と１／３リットル
リボンみたいなレモンの皮　さとう２．４キロ
さっきおろしたりんご　をいれて
じかんをかけて　ゆっくりまぜる。

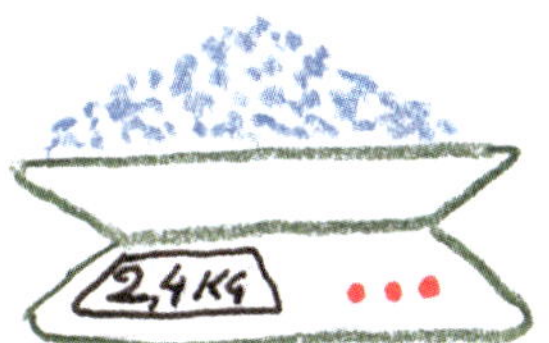

にたったら
ちいさな泡がぷくぷくする
火かげんにおとして
ちょくちょくなべのなかみを
まぜながら７０ぷんにる。
強火にあげて　手をとめないで
かきまぜながら　もう１０ぷんにる。

びんにつめたら　ふたをして
１じかん　ひっくりかえしておく。

cassez la branche et tirez sur les fils

くきをおって
すじにそって
ひっぱる

Pour cette recette utilisez une cocotte moyenne

このルセットは
ひとまわりちいさい
なべをつかおう

星みたいなかたちをした
《八角》は
（フランスでは）薬局でも買えるんだ

Confiture de céleri 4 Pots

セロリのコンフィチュール（4びんぶん）

セロリ３キロの葉をとって
くきをもいで　ばらばらにしたら　あらって
１０センチにおって　すじをひっぱって　とりのぞこう。
にたったお湯を３／４のたかさまではったなべに
セロリをいれて
グラっといっぺんにたたせたら
おおきな泡がぶくぶくする火かげんで　２０ぷんゆでる。

じかんをかけて　ていねいにアクをとったら
ミキサーにいれてピュレにしよう。

なべに　水２００ｃｃ
りんごジュース２００ｃｃを２パック（ごうけい４００ｃｃ）
さとう１．２キロをいれたら　まぜて　グラっといっぺんにたたせよう。

にたったら　セロリのピュレ
八角１コ　をいれて
グラっとおおきくにたつのをまってね。

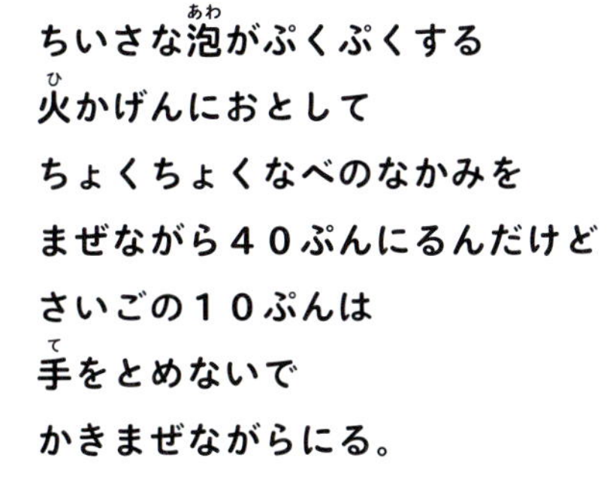

ちいさな泡がぷくぷくする
火かげんにおとして
ちょくちょくなべのなかみを
まぜながら４０ぷんにるんだけど
さいごの１０ぷんは
手をとめないで
かきまぜながらにる。

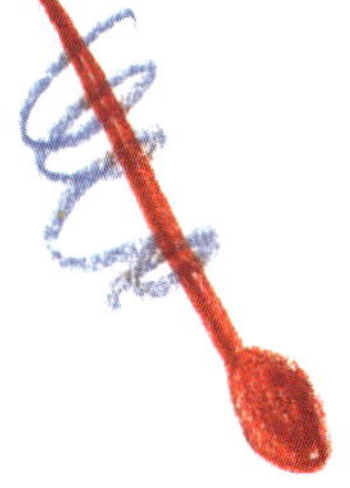

火をとめて
レモン１コぶんのジュースをまぜて
びんにつめたら　ふたをして
２じかん　ひっくりかえしておこう。

dénoyautez les cerises

さくらんぼのたねをとろう

pendant
la cuisson
une mousse rose
remplit la cocotte

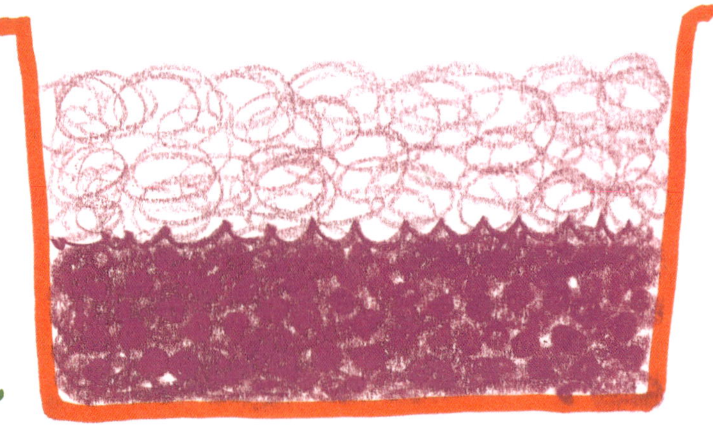

にてるあいだ
なべじゅう　バラ色の泡で
いっぱいになるよ

laissez refroidir
le pot de gelée
avant de le fermer.

ジュレのはいったびんは
ふたをしめるまえに
さめるまでほっとくこと

Confiture de cerises 7 Pots +1 Pot de gelée

さくらんぼのコンフィチュール（7びんぶん）
＋ジュレ1びんぶん

la veille

つくるまえの日：
さくらんぼ3.3キロのたねをとろう。
水600cc　さとう1.8キロをなべにいれたら
じかんをかけてまぜる。

さとうがとけたら
たねをとったさくらんぼをいれて
強火でグラっといっぺんおおきくにたたせたら
（さくらんぼのバラ色の泡でいっぱいになるよ）
そのまま10ぷんにる。

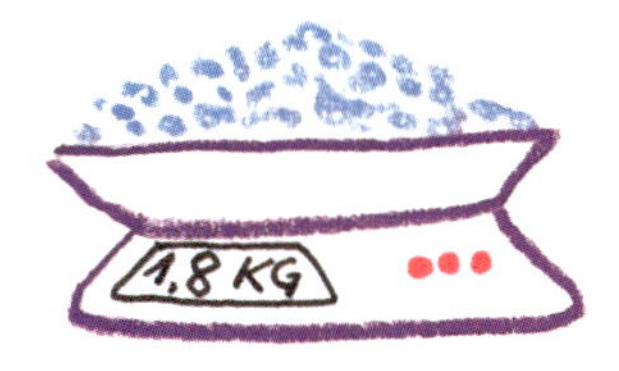

アクをとったら　火をとめて　さめるまで（30ぷん）ほっとこう。
おおきなサラダボウルにいれて　ふきんをかぶせておく。

le lendemain

つぎの日：
あらってふいたなべに　サラダボウルのなかみをいれて
強火にかける。
さとう600グラムをいれてまぜたら
ぶくぶくにたつまでまとう。

ぶくぶくしたまま　ときどきまぜながら
30ぷんにる。

火をとめて　アクをとったら
レモン2コぶんのジュースをまぜる。
1つのびんに　煮汁だけをつめよう
（これがジュレだよ）。

ほかのびんには実もいっしょにつめて
ふたをして3じかん　ひっくりかえしとく。

coupez les bouts des citrons

レモンのあたまとおしりをきる

pelez-les "à vif"

ナイフで皮を《ぶあつく》むく

levez les quartiers

レモンの実を
うす皮からきりとろう

pressez les carcasses entre les doigts

のこった うす皮は
ぎゅっとにぎって
しぼる

Confiture de citrons 7 Pots

レモンのコンフィチュール（7びんぶん）

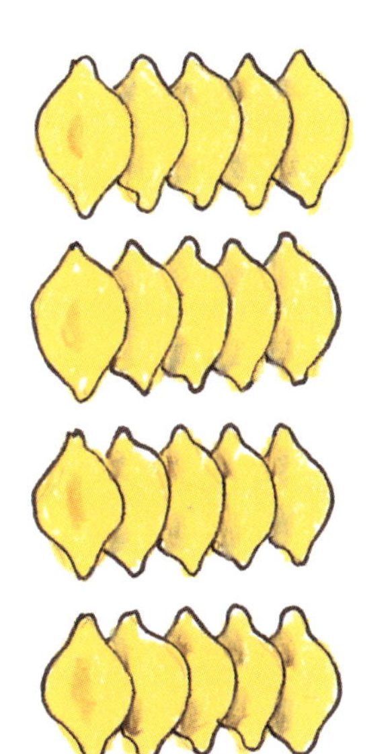

レモンを２０コ　買ってね。
レモン７コをお湯とブラシであらったら
水気をふいてナイフで《ぶあつく》皮をむこう。
つめたい水を　たっぷりはったなべに　レモンの皮をいれて
グラっといっぺんにたたせたら
ちいさな泡がぷくぷくする火かげんにおとして　５０ぷんゆでる。

皮をゆでてるあいだに　のこりのレモン（１３コ）の皮も
《ぶあつく》むいて（この皮はすてる）
さっきむいたレモン（７コ）と合わせて２０コぶんの実を　うす皮からきりとろう。
たねをとりながら　サラダボウルのなかに実をほうりこんだら
ボウルのうえで　うす皮を《こてんぱん》に　にぎりつぶして
ジュースをしぼりとろう。

にあがったレモンの皮を　ざるにあげて水きりしたら
くつひもみたいな　ほそさにきって
実とジュース
りんごジュース２００ｃｃを
３パック（ごうけい６００ｃｃ）
さとう２.３キロを　なべにいれる。
まぜて　にたたせよう。

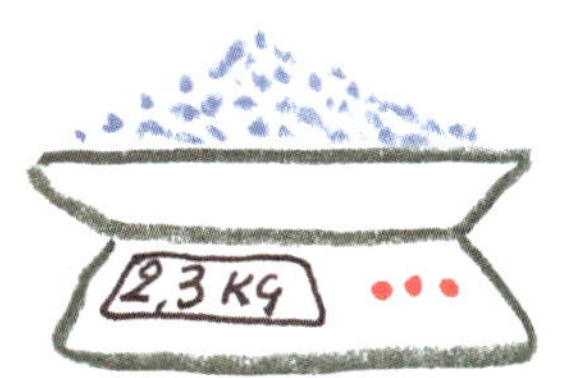

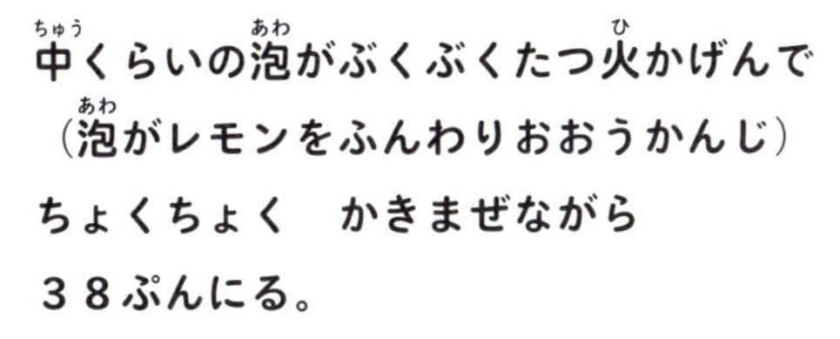

中くらいの泡がぷくぷくたつ火かげんで
（泡がレモンをふんわりおおうかんじ）
ちょくちょく　かきまぜながら
３８ぷんにる。

火をとめて　アクをとって
びんにつめたら　ふたをして
３じかん　ひっくりかえしとこう。

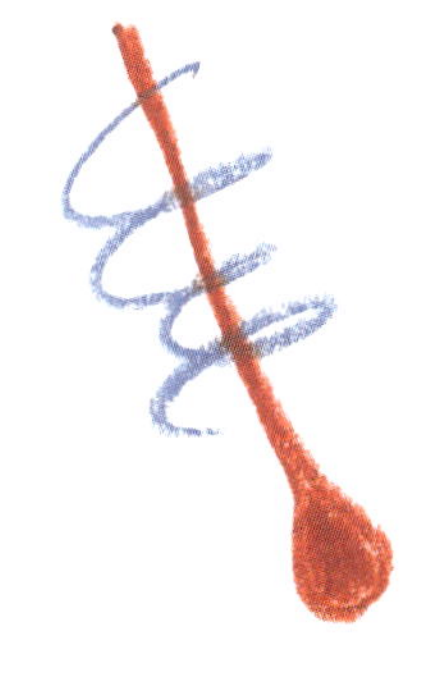

prélevez les zestes

ライムの皮をきりとって

enlevez la petite peau
blanche intérieure

うちがわのしろいモフモフしたところを
とりのぞこう

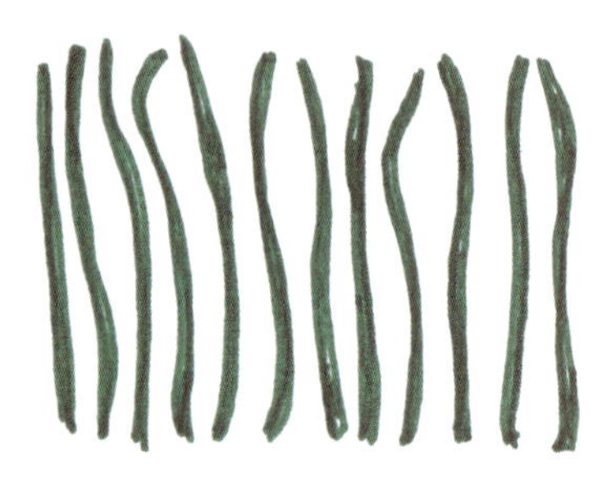

coupez les zestes en
très fines lamelles

皮をほそーく　うすぎりにする

pressez
les "carcasses"
des citrons
au-dessus de la cocotte

ココットのうえでうす皮を
ぎゅーっとにぎって
《こてんぱんに》しぼろう

Confiture de citrons verts 6 Pots

ライムのコンフィチュール（6びんぶん）

ライムを３.５キロ　買ってね。
そのうちの１０コの皮を
したごしらえ（左のページみたいに）したら
なべにいれて　つめたい水をひたひたにそそぐ。

火にかけて　お湯がグラグラにたったら
ざるにあげて　つめたい水ですすぐ……を２回やる。

３回めは　皮をなべにいれて　つめたい水をひたひたにそそいで
火にかけて　お湯がにたったら
ちいさな泡がぷくぷくする火かげんで２０ぷんゆでる。
ざるにあげて　とっておく。

ライムの皮をナイフでぜんぶむいたら
実をきりとって
さっきゆでといたライムの皮
りんごジュース２００ｃｃを２パック（ごうけい４００ｃｃ）
さとう２キロといっしょに　なべにいれよう。

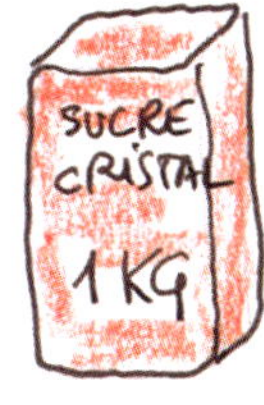

火にかけて　じかんをかけてまぜたら
グラっといっぺんにたたせよう。

中火で
（泡がライムを
ふんわりおおうかんじ）
ちょくちょくかきまぜながら
３５ふんにる。

火をとめて　びんにつめたら
ふたをして１じかん
ひっくりかえしとこう。

実をふさにわけたら
まんなかの
しろいところをとりのぞこう

クレモンティーヌの
あたまとおしりは
ちょんときる

coupez et jetez les
2 bouts du quart
des clémentines

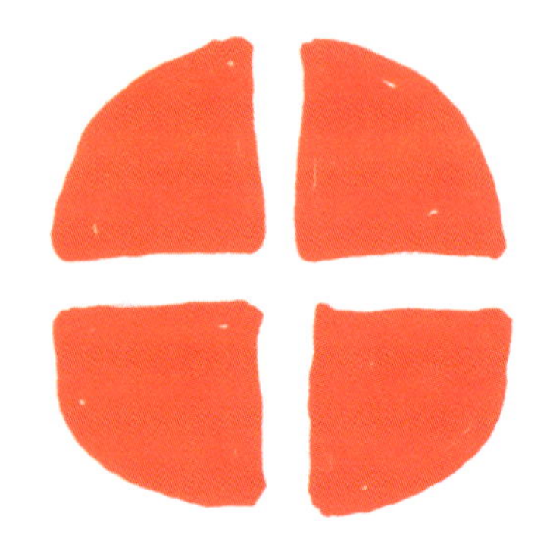

partagez-les en 4
puis en 2
pour les hacher

ピュレにするには
まず４つに
それから２つにきる

ポイント！　クレモンティーヌってなあに？

クレモンティーヌは、フランスの家庭でよく食べられるちいさなみかんのことで、みんなが日本で食べているみかんと同じ仲間だよ。日本ではテレビを見ながらみかんを食べたりするけど、フランスでもやっぱりおなじ！　あまくてジューシーな人気者。日本でつくるときは「みかん」と呼ばれているものならなんでもＯＫだけど、「清美」をつかうと、とびきりおいしくできるよ。

Confiture de Clémentines　7 Pots

クレモンティーヌのコンフィチュール（７びんぶん）

なるべく皮のうすいクレモンティーヌを２．５キロよういする。
そのうちの　３／４のクレモンティーヌの
皮（はすてる）をむいて　実をふさにわけたら
まんなかのしろいところをとりのぞこう。

実をミキサーにかけて　ピュレにしたら
なべにいれておく。

のこってる１／４のクレモンティーヌは
（皮がついたまま）ちいさくきって
なめらかになるまでミキサーにかけたら
つめたい水１リットル半といっしょに
なべにいれて　にたたせよう。

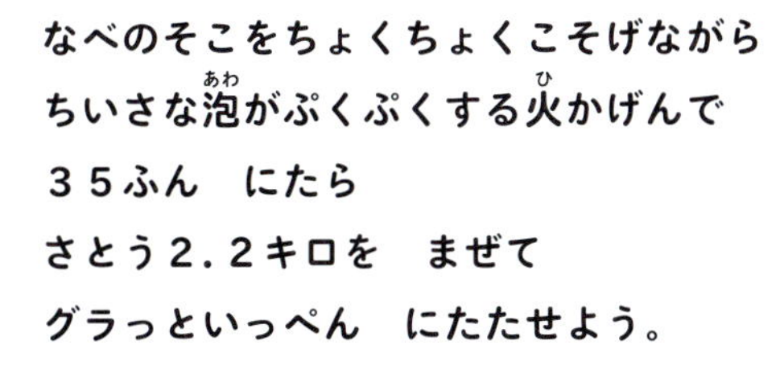

なべのそこをちょくちょくこそげながら
ちいさな泡がぷくぷくする火かげんで
３５ふん　にたら
さとう２．２キロを　まぜて
グラっといっぺん　にたたせよう。

火をおとして
ときどきアクをとりながら
しょっちゅうかきまぜて　４０ぷんにる。

火をとめて
レモン２コぶんのジュースをまぜて
びんにつめたら　ふたをして
２じかん　ひっくりかえしとこう。

coupez les 2 bouts des coings et pelez-les.

かりんのあたまとおしりをちょんときって皮(かわ)をむく

partagez en 4.

ATTENTION: c'est très dur

4つにきる。気(き)をつけて！すごくかたいよ

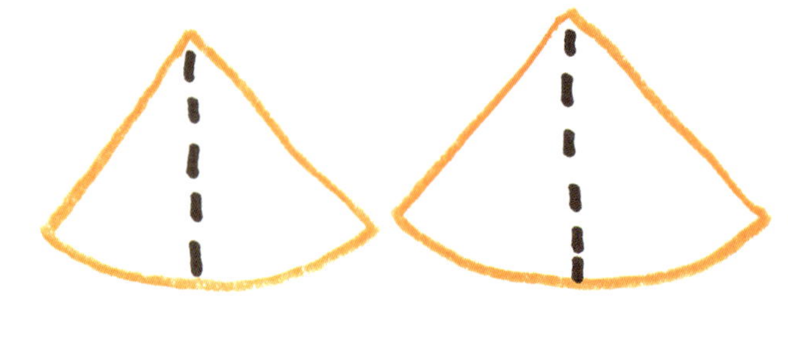

partagez chaque quart en 2 puis

4つぎりをまたはんぶんにきる

en tranches fines

うすぎりにする

Confiture de coings 7 Pots

かりんのコンフィチュール（7びんぶん）

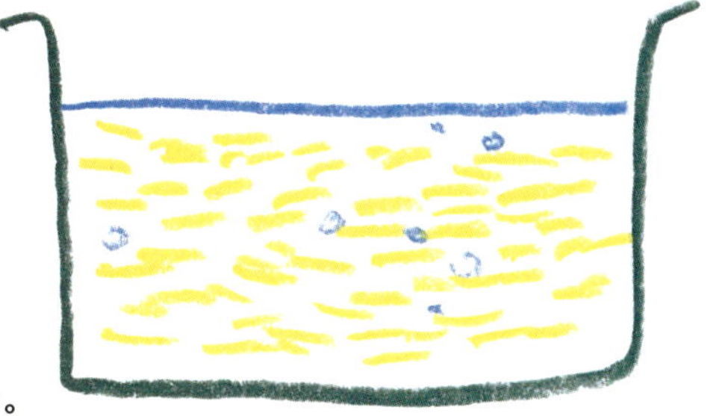

かりん３キロの皮（かわ）をむいてうすぎりにしたら
ココットにいれておこう。

そこに　レモン２コぶんのジュース
水（みず）２と１／２リットルをいれて
強火（つよび）にかけたら　グラっといっぺんにたたせて
おおきな泡（あわ）がぶくぶくする火（ひ）かげんで１５ふんにる。

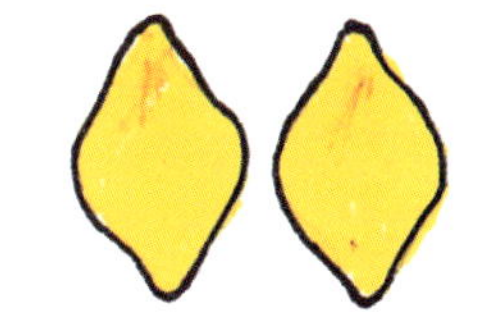

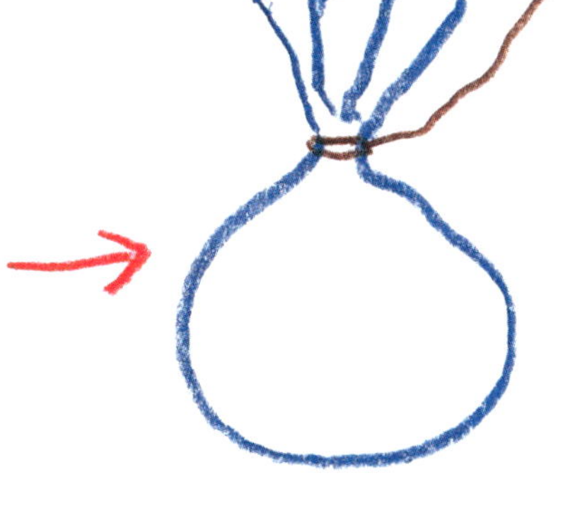

にてるあいだに　しかくいガーゼを１まいひろげて
かりんの芯（しん）４つ
つぶこしょう９コ
クローブ３コ
をのせてつつんだら
こんなふうせんみたいに　ひもでしっかりくくる。

かりんをにはじめて１５ふんたったら
さとう２キロと　さっきつくったふうせんをいれて
まぜたら　グラっといっぺんにたたせよう。

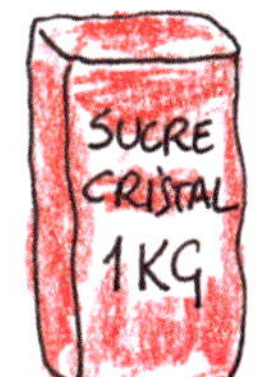

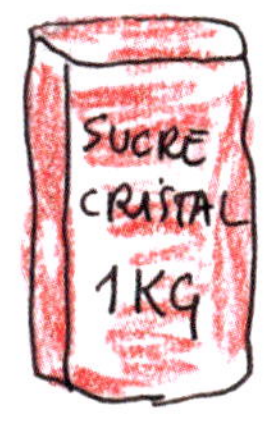

おおきな泡（あわ）がぶくぶくたったままで（泡（あわ）がなべのふちまでもりあがるかんじ）
しょっちゅうかきまぜながら
５５ふんにる。

火（ひ）をとめて　アクをとったら
ふうせんをとりだそう。

びんにつめたら　ふたをして
１じかん
ひっくりかえしとこう。

coupez
les 2 bouts
des coings.

かりんのあたまとおしりを
ちょんときる

partagez-les en 4.

ATTENTION :

c'est très dur

4つにきりわける。
気をつけて！
すごくかたいよ

et
coupez
chaque quart en morceaux.

さらにちいさくきろう

Gelée de coings 4 Pots

かりんのジュレ（4びんぶん）

かりん3.3キロをあらって　せいけつなふきんで　きれいにふこう。

かりんは皮つきのままちっちゃくきって　なべにいれたら
かりんより2センチたかく水をはる。
レモン1コぶんのジュースもいれたら　火にかけて　グラっといっぺんにたたせよう。

にたったら　火をおとして
ちいさな泡がぷくぷくする火かげんで　75ふんにる。

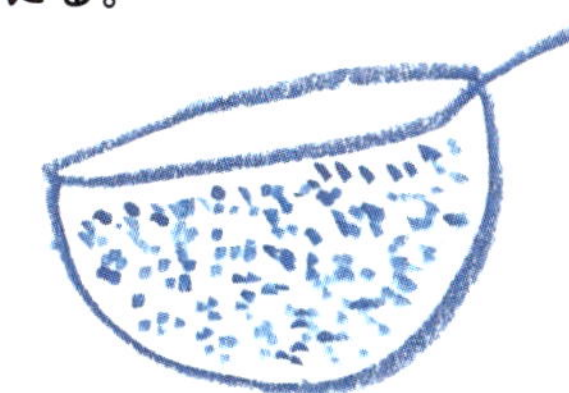

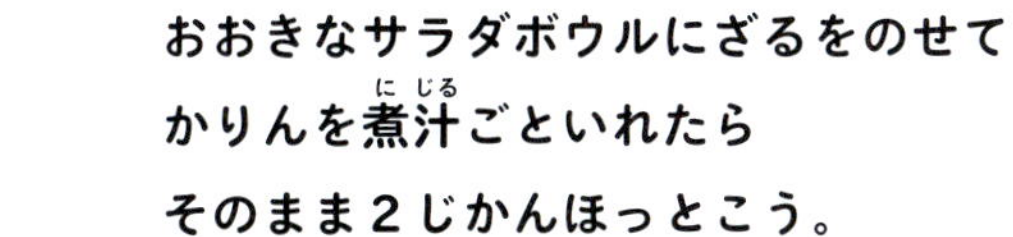

おおきなサラダボウルにざるをのせて
かりんを煮汁ごといれたら
そのまま2じかんほっとこう。

煮汁だけをココットにもどして
（実は“かりんのゼリー”をつくるのにつかうよ）
さとう1キロいれたら　火にかけて
グラっといっぺんにたたせる。

page suivante →
つぎのページへ

にたったら火をおとして　ときどきかきまぜながら
ちいさな泡がぷくぷくする火かげんで　35ふんにる。

火をとめて　アクをとったら
びんにつめて
つぎの日までほっといてから
ふたをしめよう。

ポイント！
ジュレってなあに？　コンフィチュールとどうちがうの？
コンフィチュールは、くだもの丸ごと繊維もいっしょにさとうと煮たもので、ジュレはくだもののジュースだけをこして、さとうと煮つめたものをいうんだ。とうめいできれいな色のジュレは、チーズにそえたりお菓子づくりにもよくつかうよ。

passez à la moulinette
les coings encore chauds
c'est plus facile

かりんがまだ　あついうちに
うらごし器にかけると
やりやすい

appuyez sur les carrés de pâte
pour que le sucre s'accroche

さとうがしっかりくっつくように
ゼリーのひょうめんにおしつけて

Pâte de coings 80 carrés

かりんのゼリー（８０コぶん）

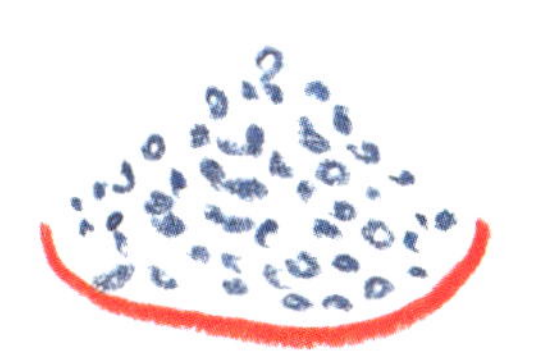

（ジュレのときに取っといた）かりんの実はもうあるよね。
それを（中くらいの目で）うらごし器にかけて
（ミキサーでも０Ｋ）
ピュレにしたら重さをはかろう。
かりんの３／４の重さで　さとうをはかっておこう。

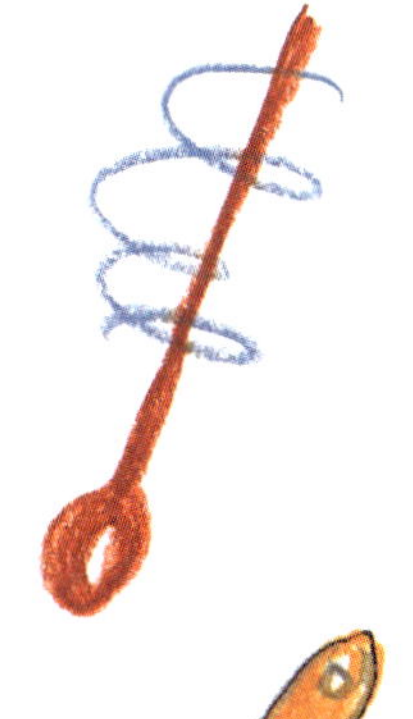

ピュレとさとうをなべにいれて
中火にかけたら　にたつまで手をとめないでかきまぜる。

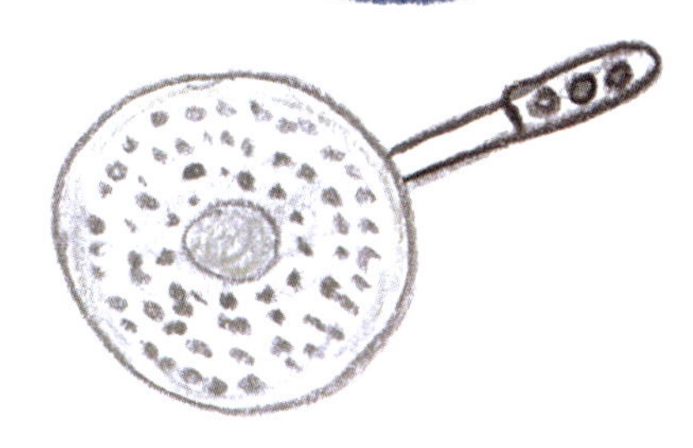

クッキング・ガスマットをはさんで　火をおとしたら
《ボワンボワン》の火かげんで
（おおきな泡がはじけるくらい）
ちょくちょくかきまぜながら７５ふんにて
そのあと１５ふんかんは　手をとめないでかきまぜる
（ごうけい　１じかん半くらい）。

せいけつなバットに　はけで　サラダオイルおおさじ１ぱいぬったら
あつあつのきじをいれて　スパチュラで　たいらにする。
１日わすれよう。

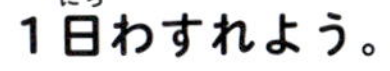

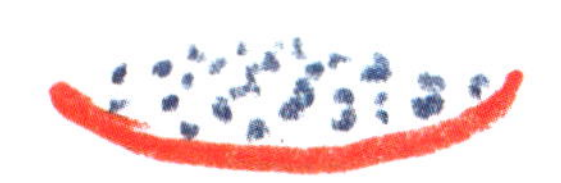

きじを４センチのしかくにきったら
すぐグラニュー糖を
ぜんぶの面にまぶせば　かんせい。

ポイント！　フランスのゼリー菓子のこと

“くだもののペースト”っていう意味をもつ、フランスのゼリー菓子のことを《パット・ドゥ・フリュイ》というよ。日本でも、のどにいいことでしられているかりんを、フランスではよくパット・ドゥ・フリュイにするんだ。あんずやりんご、エトセトラ。いろんなくだもののパット・ドゥ・フリュイがあるんだよ。

coupez la queue des figues et partagez-les en 4

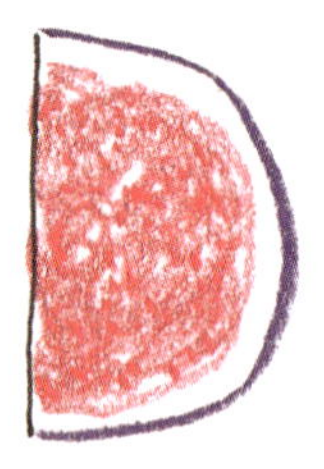
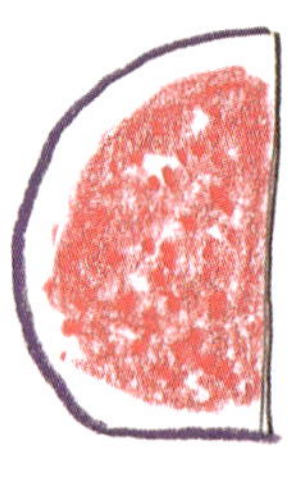
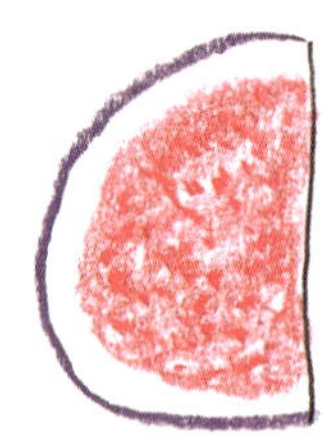
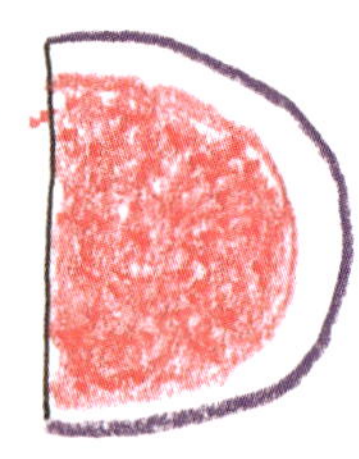

いちじくのあたまをちょんときって
4つにきりわけよう

ATTENTION

la confiture SAUTE
Protégez votre main avec un gant.

気をつけて！
コンフィチュールは
はねるから
ミトンで手をまもろう

Confiture de Figues　8 Pots

いちじくのコンフィチュール（8びんぶん）

つくるまえの日：
いちじく3.2キロ　あらってふいたら
あたまをちょんときって
皮つきのまま　4つにきりわけよう。

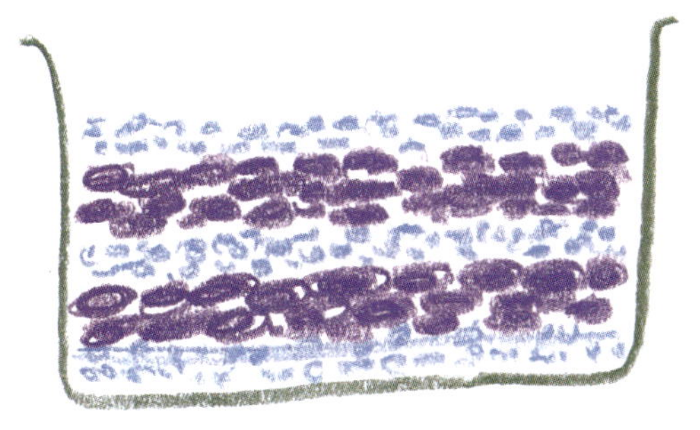

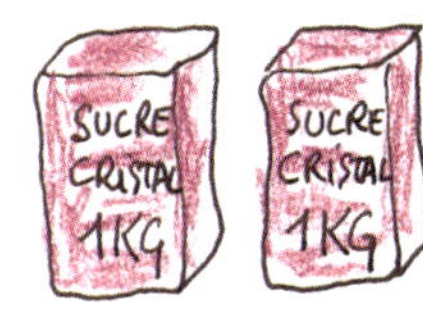

さとう2キロと　きったいちじくを（交互に）
なべにしきつめたら
せいけつなふきんをかけて
つぎの日まで　わすれよう。

つぎの日：
なべを弱火にかけて　さとうがとけるように　まぜる。
バニラ・エクストラクトこさじ2はい
（なかったらバニラ・エッセンスを数滴）いれて
強火にあげたら　グラっといっぺんおおきくにたたせよう。

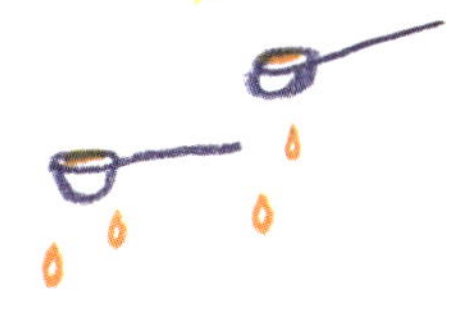

ちょくちょくまぜながら
おおきな泡がぶくぶくする火かげんで
33ぷんにる。

レモン1コぶんのジュースと
オレンジリキュール（コアントロー）
おおさじ1ぱい　まぜて
びんにつめたら　ふたをして
1じかん　ひっくりかえしとこう。

pendant la cuisson une mousse rose monte presque en haut de la cocotte

にてるあいだ
なべいっぱい　バラ色の泡でモコモコになるよ

écumez souvent l'écume blanche sur les bords de la cocotte

穴あきおたまで　ちょくちょく
なべのふちを　アクとりすること

Confiture de Fraises 6 Pots et 1 Pot de Gelée

いちごのコンフィチュール（6びんぶん）＋ジュレ1びんぶん

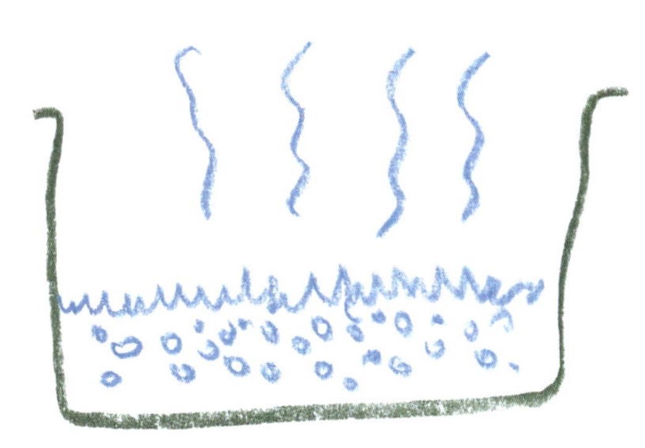

いちご2.3キロをあらって　水きりして
ふいて　ヘタをとっておこう。

つめたい水500ccと　さとう1.6キロを
なべにいれてまぜよう。
火にかけて　グラっといっぺんにたたせたら
そのまま7ふん　につめる。

いちごをいれて
グラっともういっぺんにたたせてから
（バラ色の泡がいちごぜんたいをおおうかんじ）
そのまま20ぷんにる。

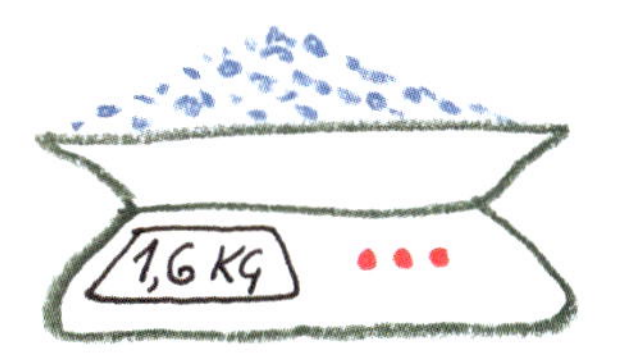

火からおろして　アクをとって
レモン2コぶんのジュースを
まぜよう。

1つのびんに
煮汁だけをいれるけど
（これがジュレだよ）
あしたまでふたをしないでね。

ほかのびんには実もいっしょにつめて
ふたをしたら
2じかん　ひっくりかえしとこう。

égouttez les fraises

いちごの水気（みずけ）をきる

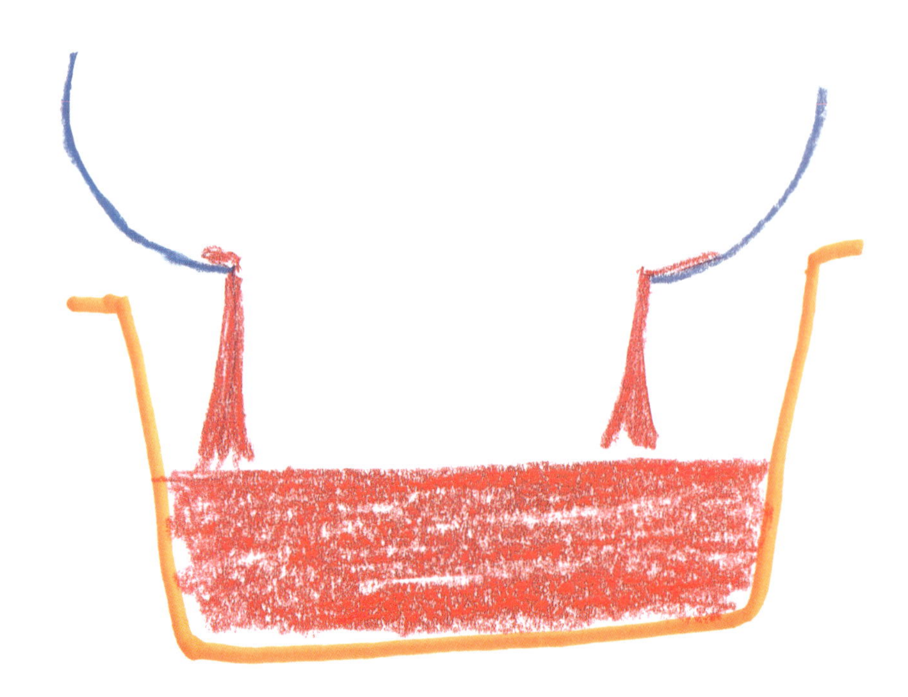

versez le jus récupéré dans la cocotte

なべに　あつめたジュースを　いれよう

Confiture de Fraises "Duchesse"
5 Pots

公爵夫人のいちごのコンフィチュール（５びんぶん）

いちご２．３キロをあらって　水気をきって
ふいたら　ヘタをとっておこう。

つめたい水５００ccと　さとう１．６キロを
なべにいれてまぜたら　火にかけて
グラっといっぺんにたたせてから　７ふんにつめる。

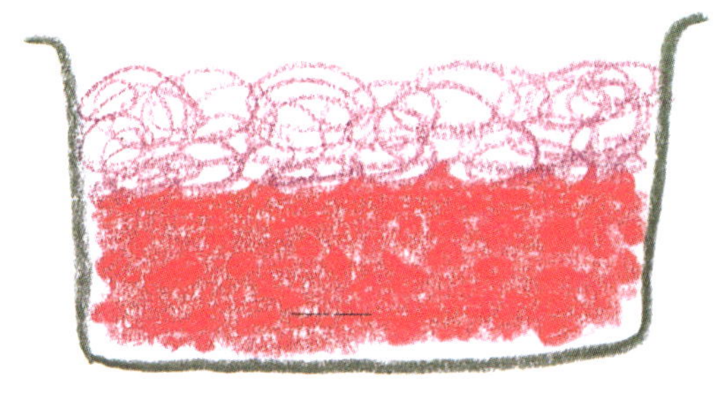

いちごをいれて
またグラっとにたたせよう
（バラ色の泡がいちごぜんたいを
おおうかんじ）。
にたったら　そのまま１３ぷんにる。

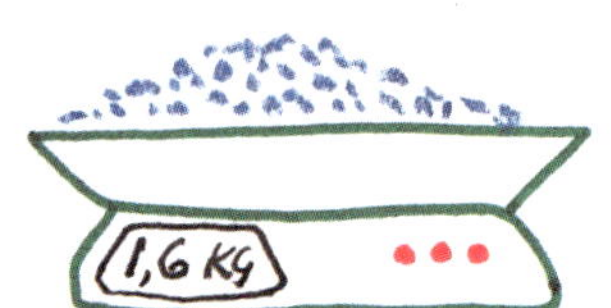

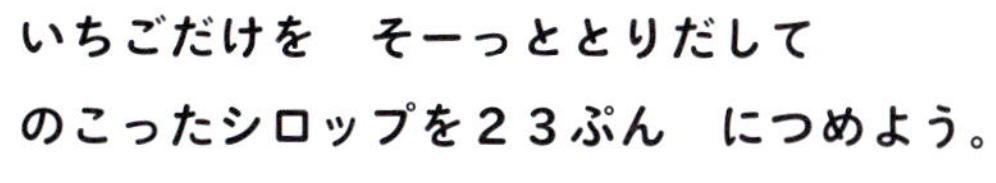

いちごだけを　そーっととりだして
のこったシロップを２３ぷん　につめよう。

さっきとりだしたいちごと
レモン２コぶんのジュースをいれて
やさしくまぜたら　グラっとにたたせる。

なべをすぐに火からおろして
びんにつめたら　ふたをして
１じかん　ひっくりかえしとこう。

ポイント！　フランスのいちごってどんな品種があるの？

日本のいちごにも「あまおう」や「とちおとめ」みたいな品種（種類のなまえ）があるように、フランスのいちごにも《シフロレット》《シャルロット》《ガリゲット》《マラ・デ・ボワ》ほか、たくさんの品種があるよ。おいしい旬のいちごが手にはいったら、実のかたちをまるごとのこした公爵夫人のいちごのコンフィチュールをつくるといい。

éliminez
IMPITOYABLEMENT
les framboises
écrasées
ou poilues

つぶれたフランボワーズや　毛深いやつは
お情け無用で　とりのぞく

Confiture de Framboises 6 Pots

フランボワーズの コンフィチュール（６びんぶん）

フランボワーズ２．１キロから
ダメなやつをよりわけて
きれいな実だけ　２キロとっとこう。

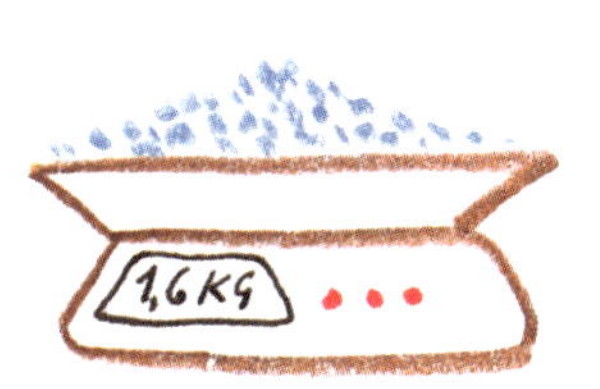

つめたい水７００ｃｃ　さとう１．６キロを
なべにいれてまぜたら
グラっといっぺんにたたせてから
おおきな泡がぶくぶくする火かげんで
１５ふん　につめる。

フランボワーズをいれたら
穴あきおたまで　そーっとまぜて
もういっぺんにたたせよう。

にたったら　おおきな泡がぶくぶくする火かげんで
ちょくちょくまぜながら
２０ぷんにる。

アクをとって
火からおろしたら
レモン１コぶんのジュースを
まぜよう。

びんにつめたら　ふたをして
３０ぷん
ひっくりかえしとこう。

le lendemain :

つぎの日：
ふくらんだあずきの
水気をきって　すすぐ

égouttez les haricots gonflés et rincez-les.

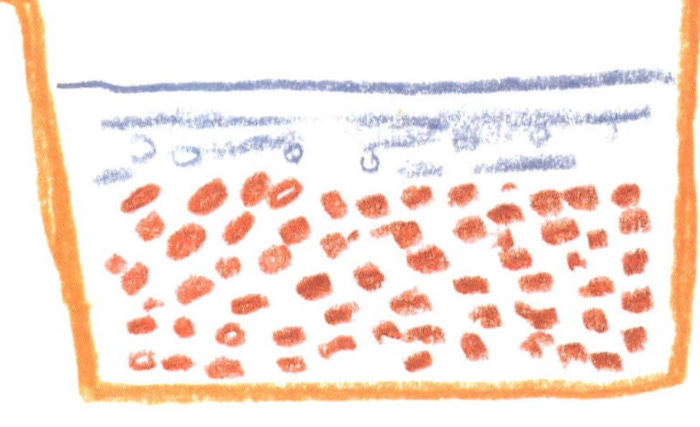

mettez-les dans la cocotte, couvrez-les largement d'eau froide et amenez à ébullition.

なべに
あずきをいれたら
つめたい水を
ひたひたにそそいで
にたたせよう

écumez, baissez le feu (doux), couvrez la cocotte et cuisez 2 heures 1/2 à petits bouillons.

pour cette recette utilisez une cocotte de taille moyenne

このルセットには中くらいのおおきさの
なべをつかおう

アクをとって　弱火におとして　ふたをしたら
ちいさな泡が　ぷくぷくする火かげんで　２じかん半にる

Confiture de Haricots rouges

4 Pots

あずきのコンフィチュール（4びんぶん）

la veille

つくるまえの日：かんそうあずき豆５００グラムを
おおきなサラダボウルにいれたら
つめたい水をたっぷりそそいで　つぎの日までわすれちゃおう。

le lendemain

つぎの日：あずきをにて（左のページをみてね）

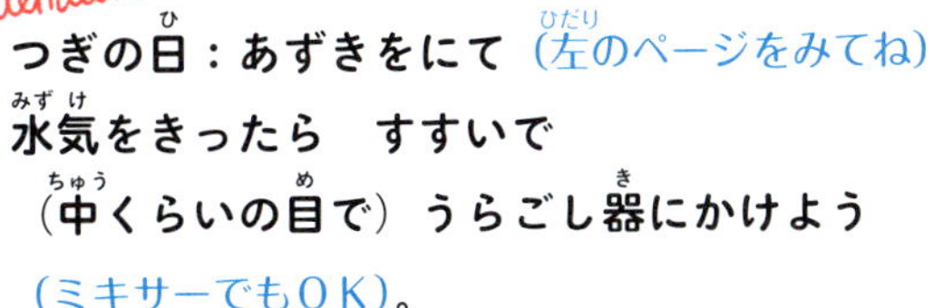

水気をきったら　すすいで
（中くらいの目で）うらごし器にかけよう
（ミキサーでもＯＫ）。

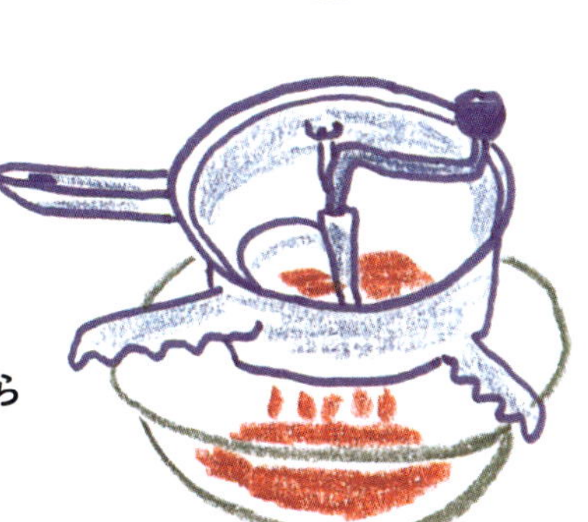

水３００ｃｃと　さとう８００グラムを
すすいだなべにいれて　まぜて　火にかけて　にたたせたら
おおきな泡がぶくぶくする火かげんで６ぷん　につめる。

さっきピュレにしたあずき
しょうがのパウダーこさじ２はい（しょうが汁でもＯＫ）
バニラ・エクストラクトこさじ２はい
（なかったらバニラ・エッセンスを数滴）
シナモンパウダーこさじ１ぱい　いれて
あわだて器でまぜたら
グラっとおおきくにたたせよう。

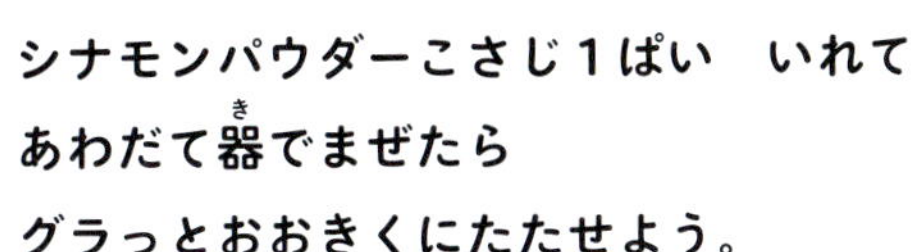

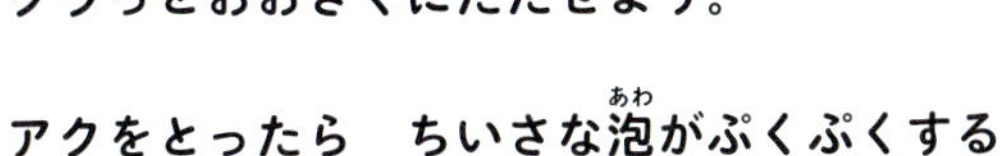

アクをとったら　ちいさな泡がぷくぷくする
火かげんで
しょっちゅうまぜながら　２０ぷんにて
そのあと１０ぷんかんは
手をとめないで　まぜながらにる。

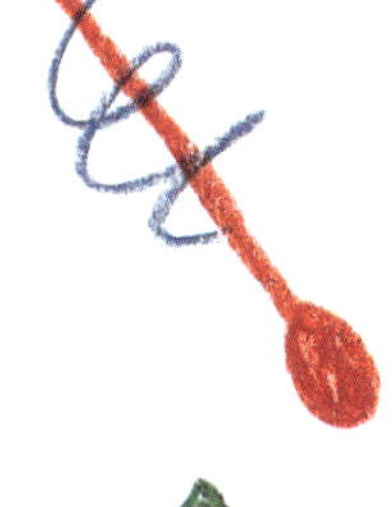

火からおろして
ライム３コぶんのジュースをまぜて
びんにつめたら　ふたをして
３０ぷん　ひっくりかえしとこう。

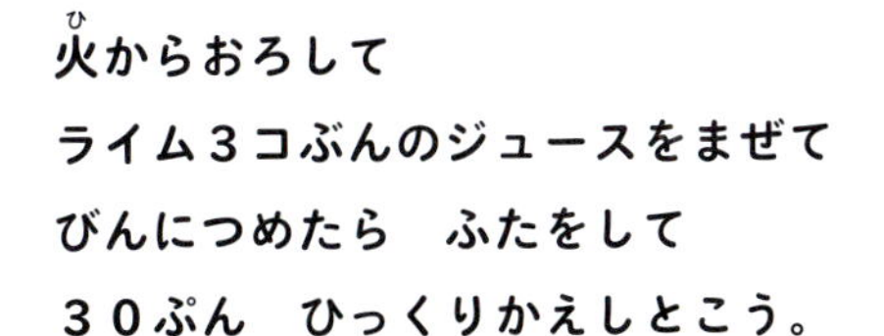

ATTENTION

Plus la cuisson avance
plus le lait réduit
et plus il bout fort.
il faut baisser le feu
sinon ça débordera

気をつけて！
にると　牛乳は　かさがへって
ふっとうしやすくなるから
火をおとさなきゃ。じゃないと
ふきこぼれるよ

Confiture de lait 6 Pots

ミルクのコンフィチュール（6びんぶん）

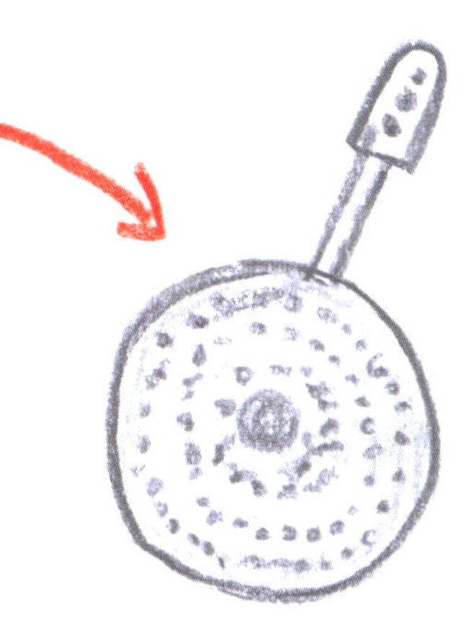

なべと火のあいだにクッキング・ガスマットをはさんで
中火にかけよう。

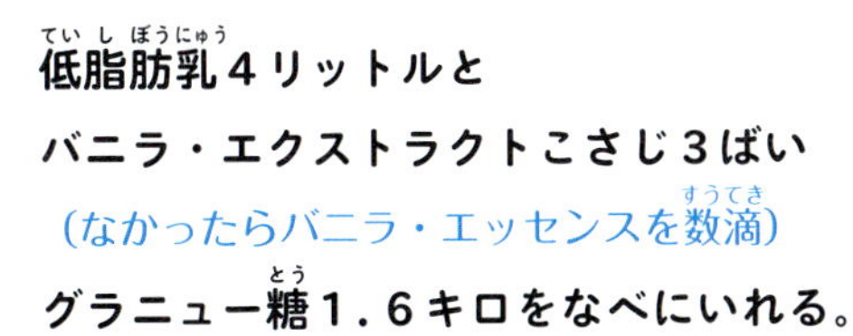
低脂肪乳4リットルと
バニラ・エクストラクトこさじ3ばい
（なかったらバニラ・エッセンスを数滴）

グラニュー糖1.6キロをなべにいれる。

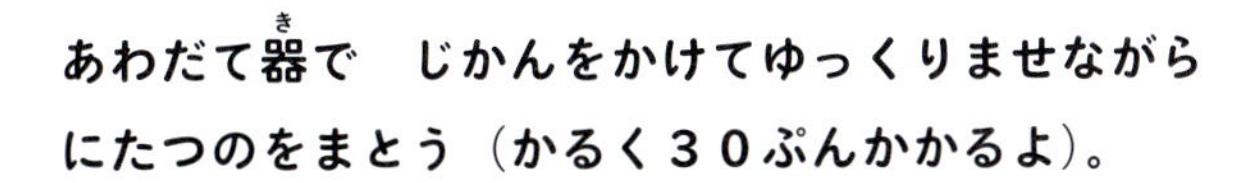
あわだて器で　じかんをかけてゆっくりませながら
にたつのをまとう（かるく30ぷんかかるよ）。

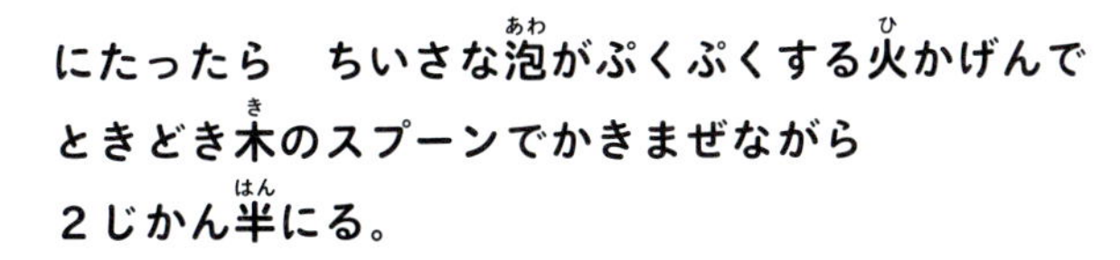
にたったら　ちいさな泡がぷくぷくする火かげんで
ときどき木のスプーンでかきまぜながら
2じかん半にる。

2じかん半の　さいごの30ぷんは
木のスプーンでなべのそこを
よくこそげながら　しょっちゅうかきまぜてにる。

アクをとって
びんにつめたら
ふたをして　1じかん
ひっくりかえしとこう。

en fin
de cuisson
la
confiture
prend une belle couleur
caramel clair.

にあがったコンフィチュールは
あかるいきれいなキャラメル色になるよ

くりは
あついお湯のなかに
いれとくと
皮がむきやすくなるんだ

gardez les marrons
dans l'eau chaude.
ils s'éplucheront
plus facilement.

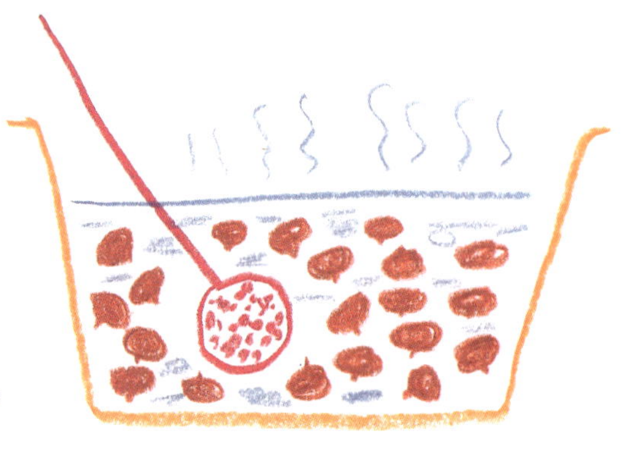

moulinez les marrons encore chauds. C'est beaucoup plus facile que lorsqu'ils sont froids.

くりをうらごしするのは　あついうちにね。
さめてからやるよりも　ずっとラクチンだよ

ATTENTION : LA CONFITURE SAUTE.

POUR MÉLANGER : PORTEZ UN GANT.

気をつけて：コンフィチュールは　はねる
まぜるとき：ミトンをすること

Confiture de marrons 7 Pots

くりのコンフィチュール（7びんぶん）

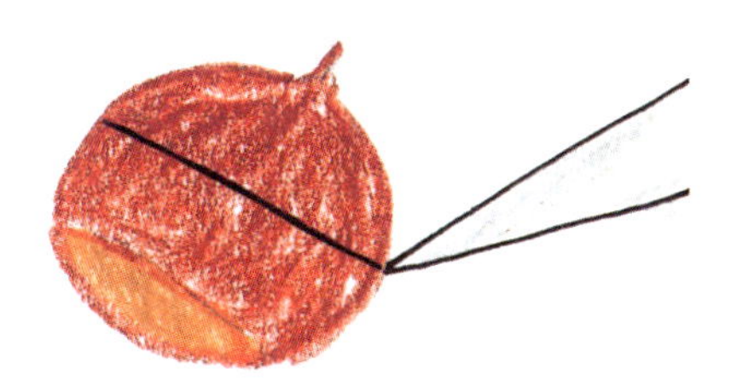

くりの皮にきりこみをいれたやつ３キロを
なべにいれて　つめたい水をひたひたにそそぐ。
にたたせたら　そのまま
おおきな泡がぶくぶくする火かげんで５ふんにる。
なべを火からおろして
くりがまだあついうちに皮をむこう。

むいたくりを　なべにほうりこんだら
あたらしくお湯をひたひたにそそいで　にたつのをまとう。
にたったら　ちいさな泡がぷくぷくする火かげんで
３０ぷんにる。

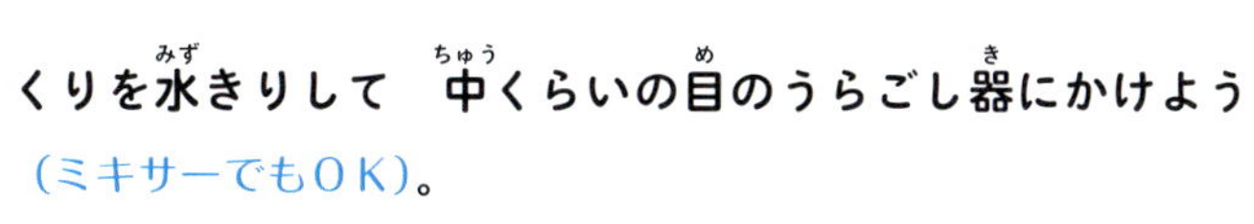

くりを水きりして　中くらいの目のうらごし器にかけよう
（ミキサーでも０Ｋ）。

つめたい水６００ｃｃ　さとう１．８キロを
すすいだなべにいれてまぜたら
グラっといっぺんににたたせてから
おおきな泡が
ぶくぶくする火かげんで
６ぷん　につめる。

さっきピュレにした　くりと
２つにさいたバニラのさや１ぽんを
いれてまぜたら　にたつのをまって
ちいさな泡が
ぷくぷくする火かげんで
しょっちゅうかきまぜながら　２６ぷんにる。

びんにつめたら
すぐに　ふたをしてね。

coupez les 2 bouts des melons

メロンのあたまとおしりを
ちょんときる

enlevez 1 millimètre de peau

皮は１ミリのあつさにむく

coupez les tranches en morceaux

うすぎりにしたやつを
もっとちいさくきる

protégez votre main pour mélanger

まぜるとき　手をまもって

Confiture de Melons 9 Pots

メロンのコンフィチュール（9びんぶん）

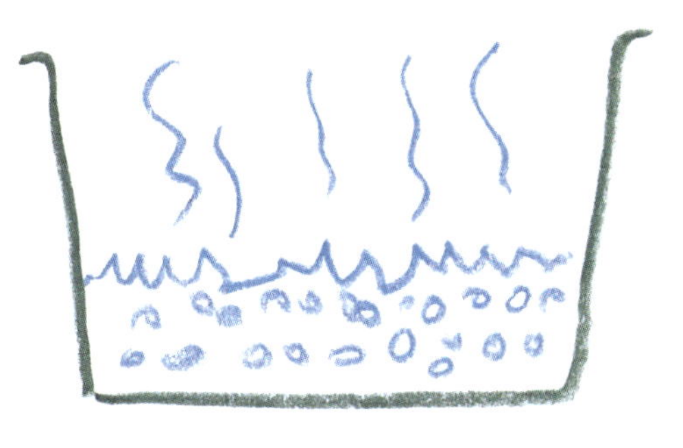

1 millimètre

メロン4キロの皮を
ナイフで1ミリのあつさにむこう。
2つにきったら　まんなかのたねをかきだして
うすぎりにしてから
もっとちいさく　きりわける。

水700ccと　さとう1.7キロ
をなべにいれてまぜたら
グラッといっぺんにたたせて　8ぷんにつめる。

きったメロン　オレンジ1コとレモン1コぶんの皮
2つにさいたバニラのさや1ぽん
皮をきりとったオレンジの実1コぶんのジュースを
なべにいれてまぜたら　にたつのをまとう。
ねんいりにアクをとってね。

おおきな泡がぶくぶくする火かげんで
しょっちゅうまぜながら55ふんにる。
さいごの15ふんは
手をとめないでずっと
かきまぜながらにること。

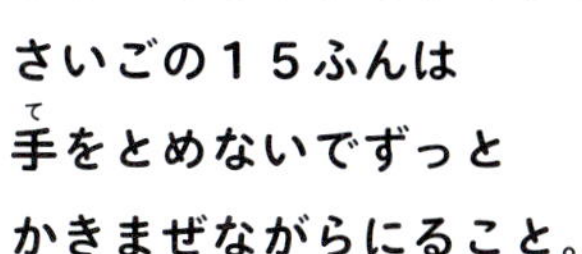

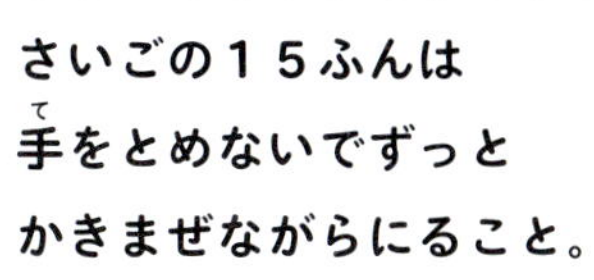

火からおろして　皮をすてたら
さっき皮をきりとった
レモンの実1コぶんの
ジュースをしぼって
まぜよう。
びんにつめたら　ふたをして
2じかん　ひっくりかえしとこう。

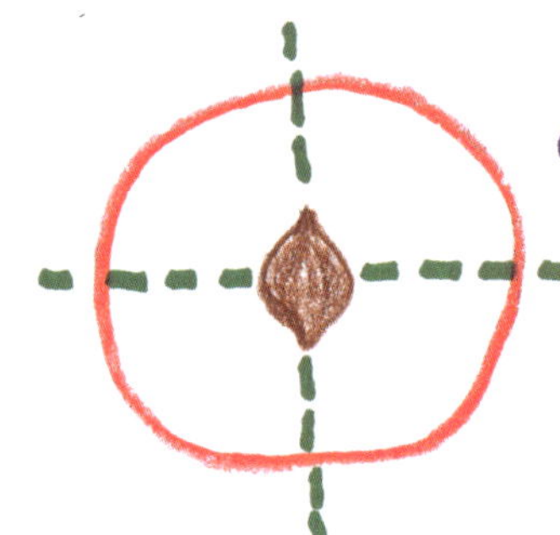

avec un couteau fendez les nectarines
en quatre jusqu'au noyau

puis dégagez
les quartiers un à un

ネクタリンの
まんなかにあるたねまで
ナイフをいれて
４つにわったら
１きれごとたねから
はがす

le brugnon c'est le même fruit

《ブリュニョン》もネクタリンと　おなじもものなかまだよ

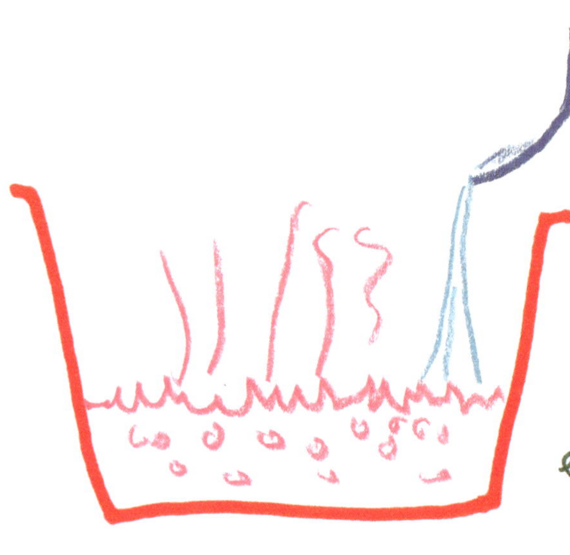

ajoutez le sucre
fondu, récupéré dans
les assiettes creuses,
au sirop
en train de bouillir.

ふかめのおさらにたまった　とけたさとうを
ふっとうしてるシロップにいれよう

Confiture de Nectarines 8 Pots

ネクタリンのコンフィチュール（8びんぶん）

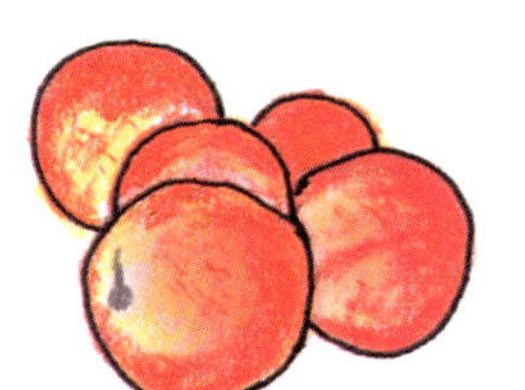

la veille

つくるまえの日：
ネクタリン3.4キロをあらって　ふいたら
ナイフで4つにわって　たねをとる。

おおきなサラダボウルにネクタリンと
レモン1コぶんのジュースをいれてまぜたら
さとう2.8キロとネクタリンを（交互に）
なべにしきつめて　つぎの日まで　ふきんをかけておこう。

le lendemain

つぎの日：
さとうがとけるまで　じかんをかけてゆっくりまぜたら
ざるをのせた　ふかめのおさらをよういして　ネクタリンを水きりしよう
（おさらにたまったシロップはなべにもどそう）。

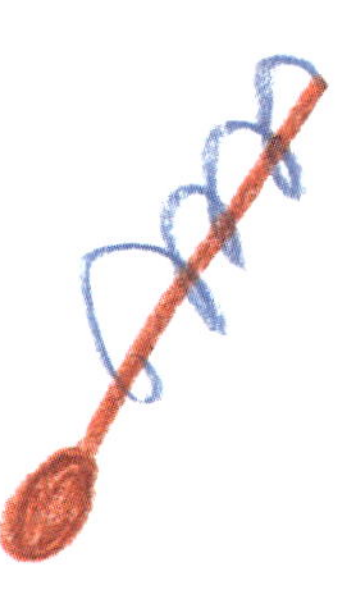

とけたさとうを火にかけて　グラっといっぺんにたたせたら
中火におとして25ふんにる
（泡がなべのなかで
もりあがるかんじ）。

ネクタリンをいれてまぜたら
また　にたつのをまとう。

にたったら　そのまま22ふん
ときどきアクをとりながら
ちょくちょく　まぜながらにる
（ふきこぼれとハネに注意！）。

びんにつめたら　ふたをして
3じかん　ひっくりかえしとこう。

jetez les 2 bouts
des oranges cuites et
coupez-les en tranches.

オレンジのあたまとおしりを
ちょんときってすてたら　うすくスライスする

jetez les pépins et
partagez les tranches en 4
avant de les hacher.

ピュレにするまえに
たねをすてて　４まいにきる

avant de peser
le hachis égouttez-le
dans une passoire
pour récupérer le jus.

オレンジをピュレにしたら
おもさをはかるまえに　ざるで水(みず)きりして
ジュースをあつめよう

Confiture d'oranges 12 Pots

オレンジのコンフィチュール（１２びんぶん）

オレンジ４キロを　お湯とブラシであらったら
スライスして　なべにいれて
つめたい水をひたひたにそそいで　にたつのをまとう。
にたったら火をおとして　ふたをしたら
ちいさな泡がぷくぷくする火かげんで４０ぷんにる。

火をとめて　そのまま３じかん　さまそう。

3 heures après

３じかんご：
オレンジを水きりしたら　４まいにきる。
ミキサーでピュレにして　ジュース（すてないこと）をざるできって
おもさをはかっておこう。

オレンジのピュレとおなじおもさで　さとうをはかったら
りんごジュース２００ccを２パック（ごうけい４００cc）
水３００cc　ピュレからでたジュースといっしょに
すすいだなべにいれる。
まぜて　グラっといっぺんにたたせたら
おおきな泡がぶくぶくする火かげんで１５ふんにる。

オレンジのピュレをいれてまぜたら
またにたつのをまって
中火におとして
（コンフィチュールのひょうめんを
モコモコの泡がおおうかんじ）
４５ふん
しょっちゅうかきまぜながらにる。

まぜて　びんにつめたら
ふたをして　１じかん
ひっくりかえしとこう。

couvrez largement les zestes
d'eau froide et amenez à ébullition.

ピンクグレープフルーツの
皮にかぶるくらい
つめたい水をそそいで
ふっとうさせよう

éguttez alors les zestes et
rincez-les sous eau froide.

皮を水きりして
流水で　あらおう

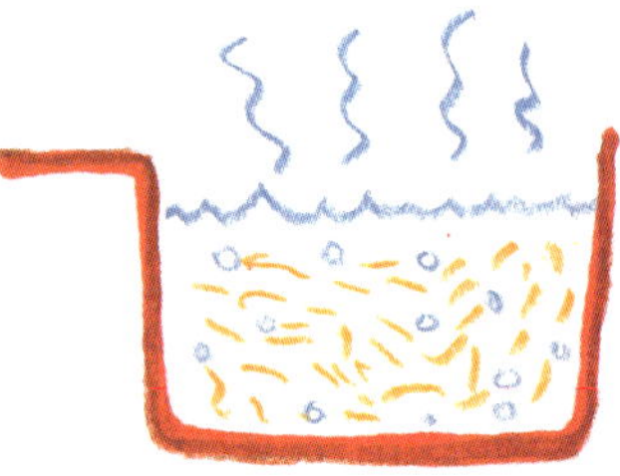

couvrez-les à nouveau d'eau froide,
amenez à ébullition et laissez cuire
25 minutes à petits bouillons.

もういっぺん
つめたい水で皮をおおって
にたたせたら
ちいさな泡がぷくぷくする
火かげんで２５ふんにる

グレープフルーツの皮は　《ぶあつく》むくこと

et levez les quartiers en
glissant la lame du couteau
le long des membranes blanches.

しろいうす皮にそって
ナイフの刃をすべらせながら　実をきりとろう

Confiture de Pamplemousses Roses

4 Pots

ピンクグレープフルーツのコンフィチュール
（４びんぶん）

ピンクグレープフルーツを１０コ買ったうちの
２コを　お湯とブラシであらおう。

ふいて　皮をむいて　その皮を２つにきったら
ナイフをつかって　ていねいに
うちがわのしろいモフモフしたところを
とりのぞこう。

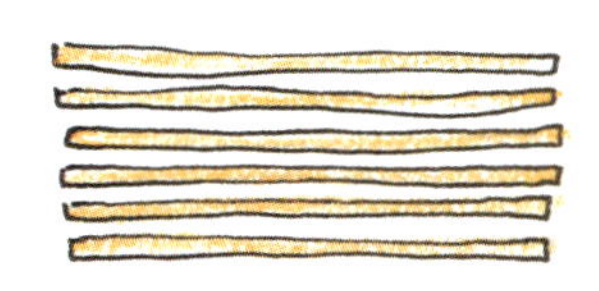

皮をほそーくせんぎりにして　２５ふんゆでたら
(左のページをみてね)
お湯をきって　つめたい水であらっておこう。

のこりのピンクグレープフルーツの皮も
《ぶあつく》むいたら
ナイフで実をきりとってから　ひとふさを３つにわける。
のこったうす皮を《こてんぱん》に　にぎりつぶして
ジュースをしぼりとったら
ぜんぶのおもさをはかっておこう。

おなじおもさで　さとうをはかって
さっきのジュースと実
ゆでた皮もいっしょになべにいれて
にたたせよう
（泡がグレープフルーツを
つつむかんじ）。

にたったら　中火におとして
２８ぷんにる。

びんにつめたら　ふたをして
３じかん　ひっくりかえしとこう。

épaisseur des tranches

1まいのあつさはこのくらい

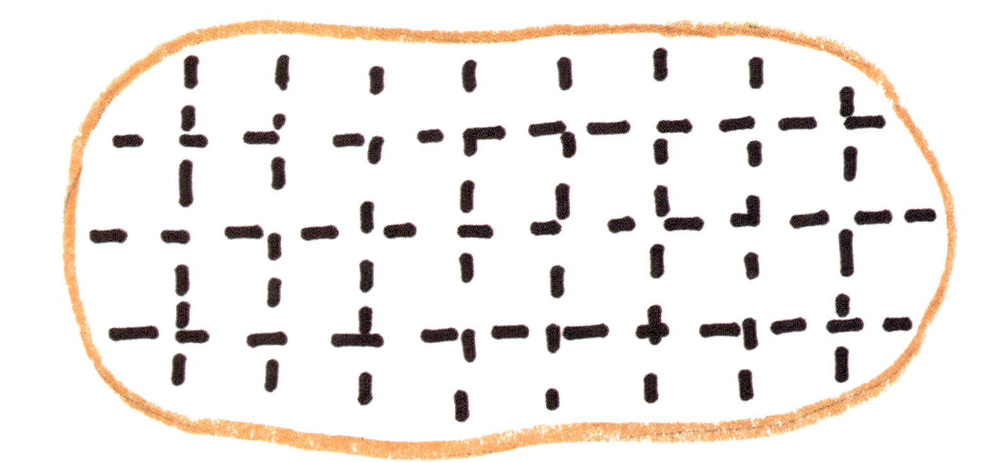

taille des cubes

キューブのおおきさ

ATTENTION : les patates douces sont très dures à couper

気をつけて！
さつまいもを　きるとき
とってもかたいから

mettez un bout de bâton de vanille dans chaque pot

それぞれのびんごとに
バニラのさやのきれはしを
1かけら　いれること

Confiture de Patates Douces 7 Pots

さつまいものコンフィチュール（7びんぶん）

さつまいも2.8キロの皮を　あつめにむいて
キューブのかたちにきろう。

きったさつまいもを　つめたい水で
よくすすぐ……を2回やる。なべにいれて
ひたひたのつめたい水をそそいで　にたたせよう。

アクをとったら　そのままおおきな泡がぶくぶくする
火かげんで　8ぷんゆでて　お湯をきって　水ですすいでおこう。

水600ccと　さとう1.5キロを
すすいだなべにいれて　まぜて　にたたせる。

そのまま10ぷん　おおきな泡がぶくぶくする
火かげんで　につめる。

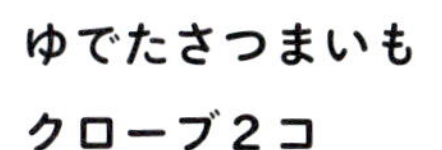

ゆでたさつまいも
クローブ2コ
バニラ・エクストラクトこさじ2はい

（なかったらバニラ・エッセンスを数滴）
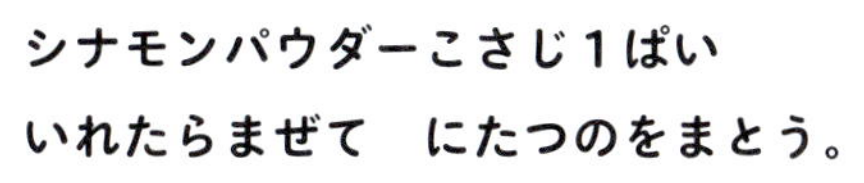
シナモンパウダーこさじ1ぱい
いれたらまぜて　にたつのをまとう。

弱火におとして
ちいさな泡がぷくぷくする火かげんで
はじめはしょっちゅうかきまぜて
さいごのほうは手をとめないで
かきまぜながら18ぷんにる。

火からおろして
ラム酒おおさじ2はい　まぜて
びんにつめたら　ふたをする。

coupez les quartiers de pêches en 6 morceaux

4つにきりわけたももを
さらに6つにきる

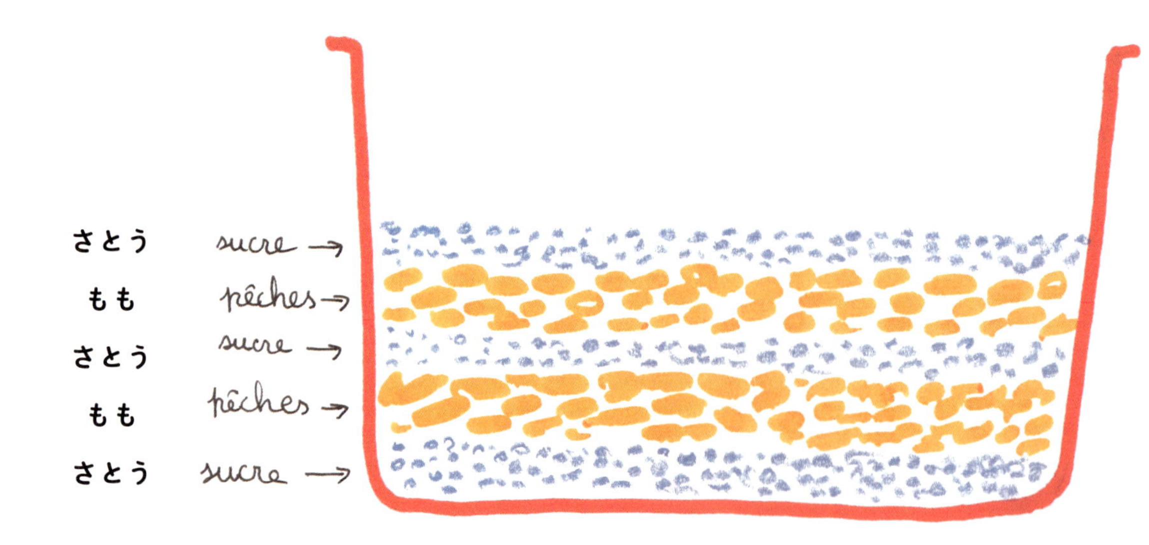

commencez par remplir un demi-pot de sirop.
c'est la geleé.

つめるのは　シロップ半びんから。
これがジュレだよ

Confiture de Pêches 7 Pots +1/2 pot de gelée

もものコンフィチュール（7びんぶん）+ジュレ1／2びん

la veille

つくるまえの日：
もも3.5キロを2回にわけて　なべでわかした
あついお湯のなかにほうりこもう。
1ぷんほっといて　お湯をきったら皮をむこう
（あついから気をつけて！）。
4つにきりわけて　たねをとったら　こまかくきざもう。
レモン2コぶんのジュースを　ももとまぜたら
さとう2.5キロと　ももを（交互に）　水気をふいたなべにしきつめて
せいけつなふきんをかけて　つぎの日までわすれよう。

つぎの日：le lendemain
中火となべのあいだにクッキング・ガスマットを
はさんだら　シナモンスティック1ぽんと
バニラ・エクストラクトこさじ2はい
（なかったらバニラ・エッセンスを数滴）いれよう。

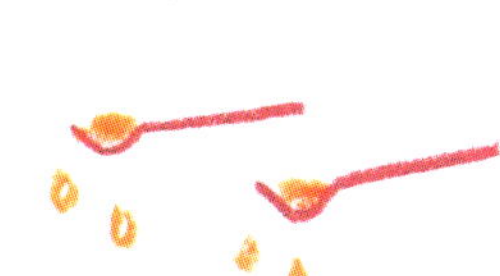

じかんをかけてゆっくりまぜて
グラっといっぺんおおきくにたたせよう
（なべの3／4のたかさまで
モコモコの泡がもりあがるかんじ）。

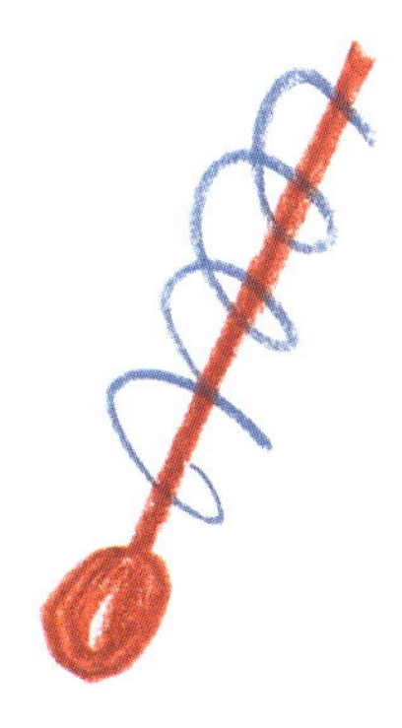

ときどきアクをとって
しょっちゅうかきまぜながら
55ふんにて　そのあと10ぷんは
手をとめないで　かきまぜながらにる。

火からおろして
シナモンスティックをとりのぞいて
びんにつめたら　ふたをして
3じかん　ひっくりかえしとこう。

puis partagez les
quartiers en 3 tranches

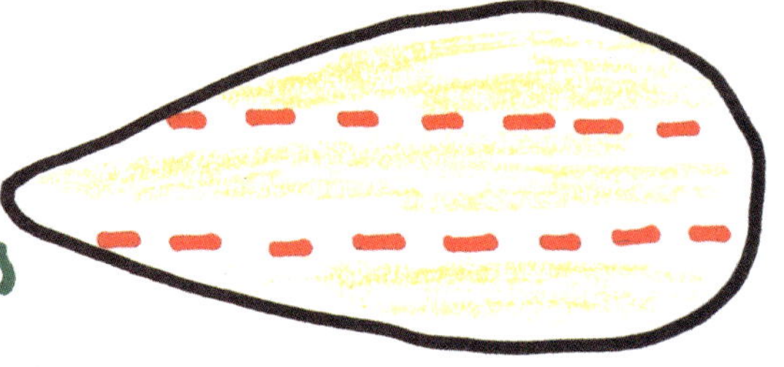

et coupez ces tranches
en cubes

洋なしを４つにきりわけて
まんなかのかたい芯をとったら
３まいにスライスして
さいごに　ちいさなキューブのかたちにきろう

partagez les bâtons de vanille en 2

et raclez bien l'intérieur

バニラのさやは２つにきってから
たてにさいて　なかみをよーくかきだそう

Confiture de Poires 8 Pots

洋なしのコンフィチュール（8びんぶん）

洋なし３.５キロを４つにきりわけて
皮をむいたら　まんなかのかたい芯をとりのぞこう。
それからちいさなキューブのかたちにきって
レモン２コぶんのジュースといっしょに
おおきなサラダボウルにいれたら
手でよくまぜとこう。

つめたい水５００ccと　さとう２キロ
りんごジュース２００ccを３パック
（ごうけい６００cc）
をなべにいれてまぜたら

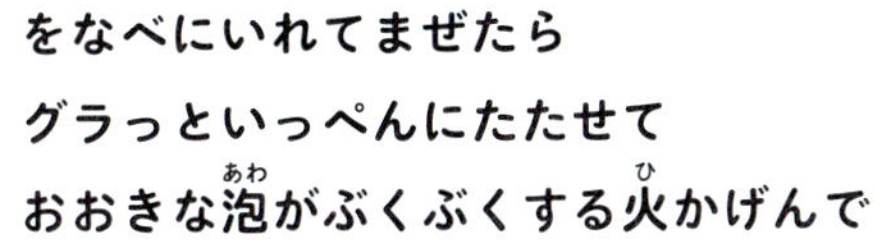

グラっといっぺんにたたせて
おおきな泡がぶくぶくする火かげんで
２４ぷん　につめる。

キューブにきっといた洋なし
しょうがパウダーこさじ１ぱい
（しょうが汁でもOK）
バニラのさや２ほんぶん
をいれてまぜたら
にたつまでまとう。

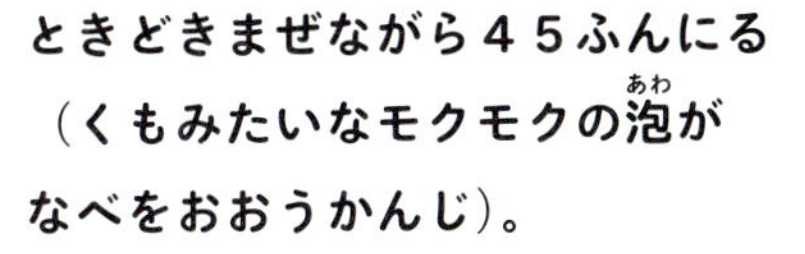

ときどきまぜながら４５ふんにる
（くもみたいなモクモクの泡が
なべをおおうかんじ）。

火からおろして　アクをとって
びんにつめたら　ふたをして
３じかん　ひっくりかえしとこう。

coupez chaque quartier en 5

4つにきりわけた実を
さらに　5つにきろう

partagez les bâtons de vanille en 2

et grattez soigneusement l'intérieur

バニラのさやを２つにさいたら
ていねいに　なかみをかきだそう

une fois la cuisson terminé partagez les bâtons de vanille en 2 et enfoncez-les dans chaque pot

にあがったら
２つにさいた
バニラのさやを
（びんのかずぶん）
きりわけて
それぞれのびんに
ふかくしずめよう

Miel de Poires 7 Pots

洋なしのはちみつ（7びんぶん）

洋なし３キロを４つにきりわけて　皮をむいたら
まんなかのかたい芯をとりのぞこう。ちいさくきって
水１リットル半
りんごジュース２００ccを２パック（ごうけい４００cc）
といっしょになべにいれて　にたたせたら
おおきな泡がぶくぶくする火かげんで２５ふんにる。

汁ごとうらごし器（こまかい目）にかけて
（ミキサーでもOK）
ピュレにしとこう。

水６００ccと　さとう２キロを　すすいだなべにいれて
まぜたら　グラっといっぺんにたたせよう。
おおきな泡がぶくぶくする火かげんで　６ぷんにて　さっきのピュレと
バニラのさや２ほんぶんをいれて　まぜたら　また　にたつのをまとう。

おおきな泡がぶくぶくする火かげんで
ときどきまぜながら４０ぷんにる。

火からおろしてアクをとって
びんにつめたら
かんぜんにさめるまで
ほっといてから　ふたをしよう。

ポイント！　フランスのうらごし器のこと

フランスの家庭でむかしからつかわれているうらごし器のことを《ムリネット》というよ。あなのあいた底がたいらなボウルに、足とハンドルがついていて、材料をいれてぐるぐるまわすとピュレになるんだ。日本のみんなはふつうのうらごし器やミキサーをつかってね。

coupez les pommes en 8 tranches

りんごを８まいにスライスする

et partagez chaque tranche en 4

それから４まいにきりわけよう

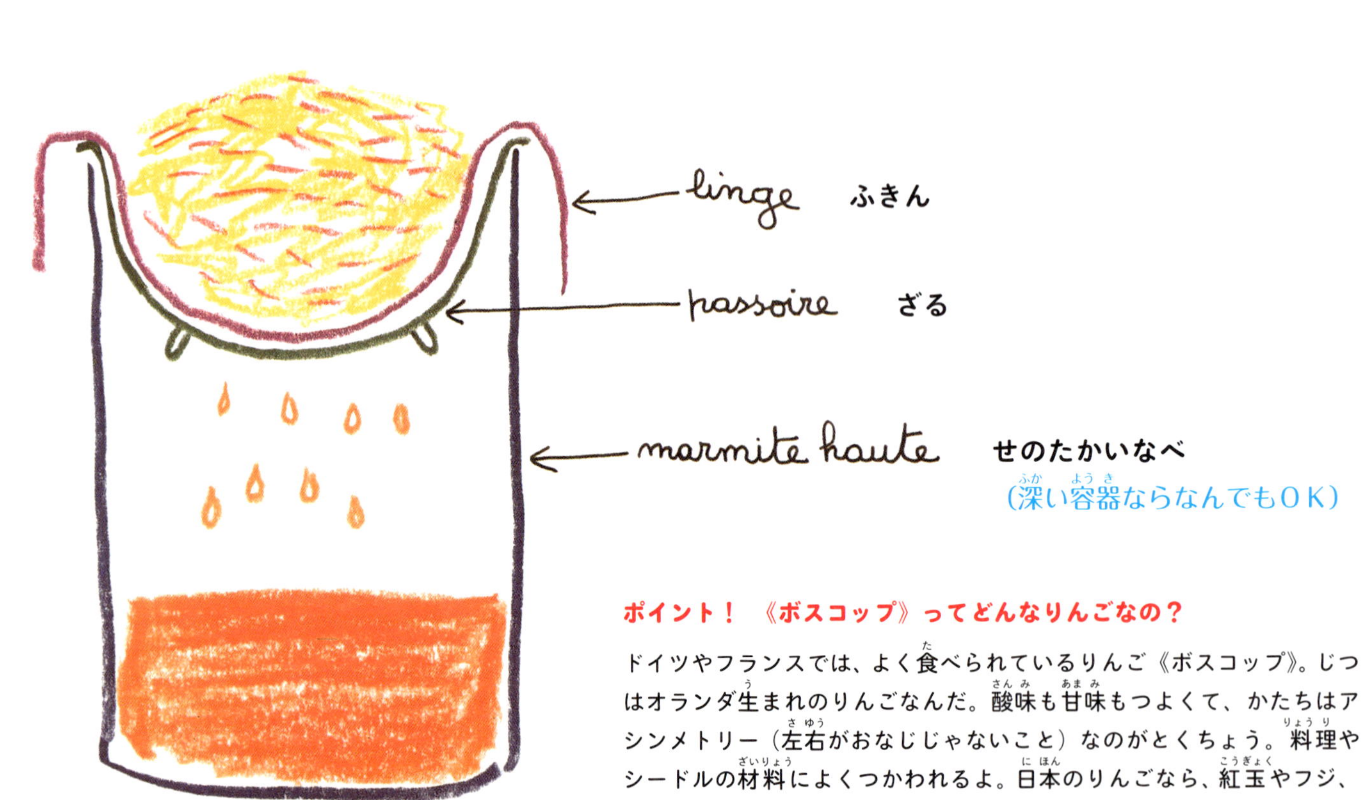

ポイント！　《ボスコップ》ってどんなりんごなの？

ドイツやフランスでは、よく食べられているりんご《ボスコップ》。じつはオランダ生まれのりんごなんだ。酸味も甘味もつよくて、かたちはアシンメトリー（左右がおなじじゃないこと）なのがとくちょう。料理やシードルの材料によくつかわれるよ。日本のりんごなら、紅玉やフジ、ジョナゴールドなんかをつかってね。

Gelée de Pommes 8 Pots

りんごのジュレ（８びんぶん）

りんご《ボスコップ》２.５キロ（１３コ）を
お湯とブラシであらおう。
ふいて　りんごのへたをくり抜いて（皮はむかない）
うすぎりにしたら　水３リットル　レモン１コぶんの皮
シナモンスティック１ぽん　といっしょになべにいれて
グラっといっぺんにたたせよう。
ちいさな泡がぷくぷくする火かげんにおとして１５ふんにる。

ざるにふきんをしいて　なべのなかみをいれたら
そのまま３じかん水きりしよう。

3heures après

３じかんご：
ざるにのこったりんごを　うえからぎゅーっとおして
ジュースをしぼりとったら　はかる（だいたい２.７リットルくらい）。

しぼったジュース

さとう２.２キロ

（１リットルにつき８００グラム）
バニラのさや２ほんを　たてにさいて
なかみをかきだしたやつ
をなべにいれて

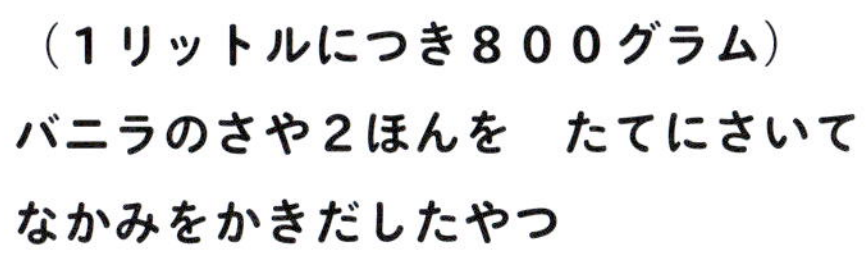

グラっといっぺんにたたせよう。
中火におとして４０ぷんにる
（なべのはんぶんのたかさまで
しろい泡がもりあがるかんじ）。

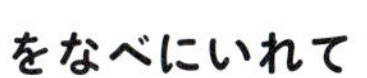

火からおろして　アクをとったら
びんにつめよう。

かんぜんにさめるまでほっといてから
ふたをしてね。

coupez les quartiers
en 6 morceaux

1ぺんを6つにきろう

ne jetez pas
l'eau de trempage
des pommes

りんごをひたした水は　すてちゃダメ

気をつけて！
こいつは**はねる。**
手をまもること

Marmelade de Pommes 8 Pots

りんごのマーマレード（８びんぶん）

すごくおおきなサラダボウルに　水１リットルと
レモン１コぶんのジュースをいれよう。
りんご４キロを４つにきりわけて　皮をむいて
まんなかのかたい芯をとったら　ちいさくきって
さっきのサラダボウルにいれて１０ぷん　ほっとこう。
手でりんごをすくったら　ざるにいれて
水きりしておこう（水はすてないでね）。

りんごをひたしといた水と　さとう２キロを
なべにいれて　まぜたら　にたたせよう。

おおきな泡がぶくぶくする火かげんで７ふんにたら
水をきったりんごをいれて　泡がりんごをおおうくらい
グラっとおおきく　にたたせよう。

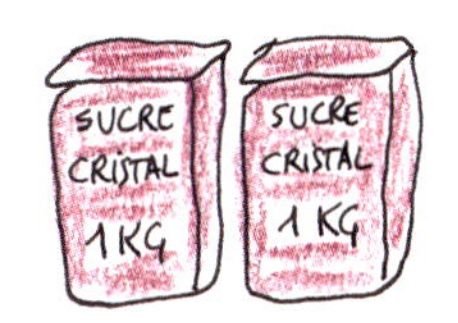

アクをとって　おおきな泡がぶくぶくする火かげんで
しょっちゅうまぜながら３０ぷん　にて
そのあと１０ぷんは　手をとめないで　かきまぜながらにること。

火からおろして　レモン２コぶんのジュースをまぜよう。
びんにつめたら　ふたをして
３じかん　ひっくりかえしとこう。

ポイント！　マーマレードってオレンジだけじゃないの？

マーマレードの語源（もともとの意味）は、ポルトガル語のマルメロ（かりん）で、かりんのピュレをにつめたもののこと。それがイギリスで、とくに柑橘をつかったジャムとしてひろまったことから、マーマレード＝柑橘のジャムっていうイメージになったんだ。ピュレにしたくだもの（またはにて、ピュレ状になったもの）でつくるコンフィチュールは、みんなマーマレードともよべるよ。

taille des tranches pelées

皮をむいたきりみのおおきさ

épaisseur

あつさ

protégez votre main

la confiture SAUTE

手を守ること。

コンフィチュールは はねるから

Confiture de Potiron 8 Pots

かぼちゃのコンフィチュール（8びんぶん）

la veille

つくるまえの日：サラダボウルに　お湯1リットルいれて
ドライアプリコット500グラムをひたしたら
つぎの日までわすれちゃえ。

つぎの日：
かぼちゃ3キロの皮をむく（1キロぐらいのおおきさのを買おう）。
うすぎりにしてから　こまかくきって　なべにいれておく。
とってのついたざるを　なべのうえでかまえて
アプリコットを水きりしたら
（ひたしといた水は　なべにおちるように）
グラっといっぺんにたたせよう。

なべにふたをして　おおきな泡がぶくぶくする火かげんで20ぷんにる。
にてるあいだに　アプリコットをこまかくきざんでおこう。

ゆでたかぼちゃを水きりして　うらごし器（おおきな目）で
ピュレにしよう（ミキサーでもOK）。
ピュレのおもさをはかったら　それとおなじおもさで　さとうをはかる。
オレンジ1コの皮をおろしたやつと
実をしぼってジュースにしたやつ
はかったさとう　かぼちゃのピュレ
きざんだアプリコット
バニラ・エクストラクトこさじ2はい
（なかったらバニラ・エッセンスを数滴）
レモン3コぶんのジュース
をなべにいれて　にたたせよう。

ちいさな泡がぷくぷくする火かげんで
しょちゅうまぜながら38ぷんにる。

CONFITURE de POTIRON

びんにつめたら　ふたをして　3じかん　ひっくりかえしとこう。

n'oubliez jamais le gant
et la chemise à manches longues
à cause des éclaboussures

ハネにそなえて
ミトンをはめるのと
ながそでのシャツをきることを
ぜったいわすれないでね

Confiture de Prunes 10 Pots

プラムのコンフィチュール（１０びんぶん）

la veille

つくるまえの日：
プラム３．２キロをあらって　水をきってふいたら
２つにきって　まんなかのたねをとろう。

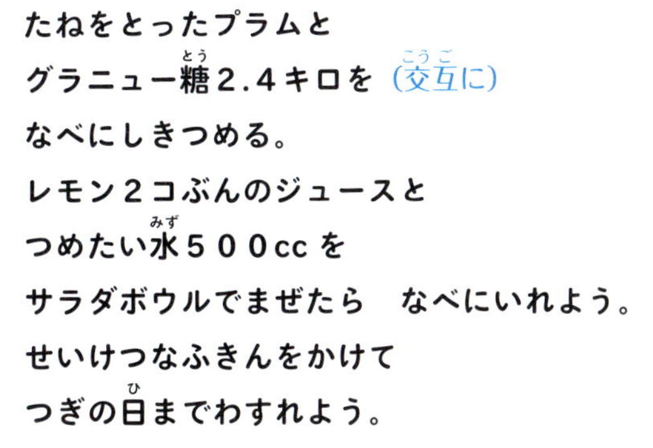

たねをとったプラムと
グラニュー糖２．４キロを（交互に）
なべにしきつめる。
レモン２コぶんのジュースと
つめたい水５００cc を
サラダボウルでまぜたら　なべにいれよう。
せいけつなふきんをかけて
つぎの日までわすれよう。

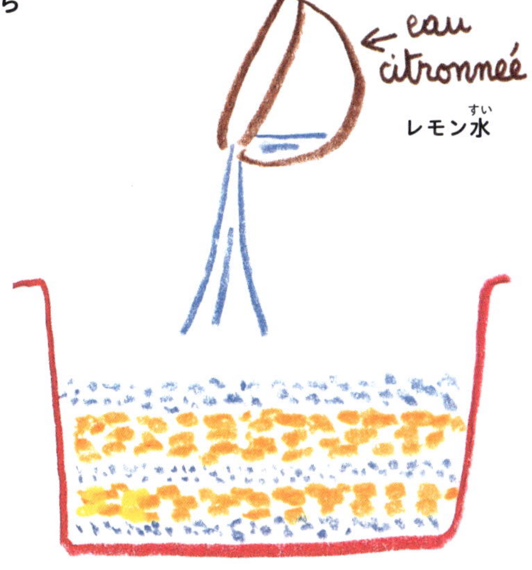

つぎの日：le lendemain
さとうがとけるまでよくまぜて
なべと火のあいだに
クッキング・ガスマットをはさんで
中火にかけたら
グラっといっぺんにたたせよう。
アクをとってね。

ちいさな泡がぷくぷくする火かげんで
しょちゅうまぜながら７０ぷんにる。

火からおろして　びんにつめたら
ふたをして
３じかん　ひっくりかえしとこう。

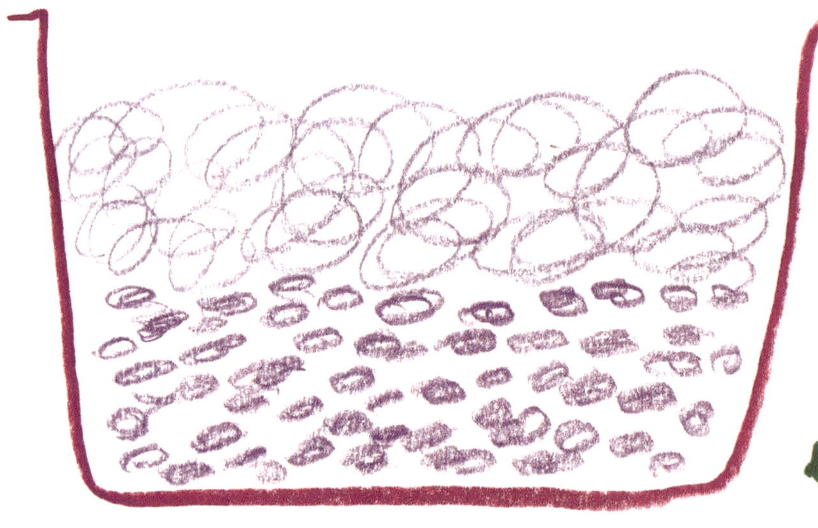

Pendant la cuisson une grosse mousse remplit presque la cocotte

にてるあいだ
おおきな泡が　ほとんどなべぜんたいに
みちみちるよ

ATTENTION

気をつけて

LA CONFITURE SAUTE

コンフィチュールは　はねる

Confiture de Prunes "Duchesse" 9 Pots

公爵夫人のプラムのコンフィチュール（9びんぶん）

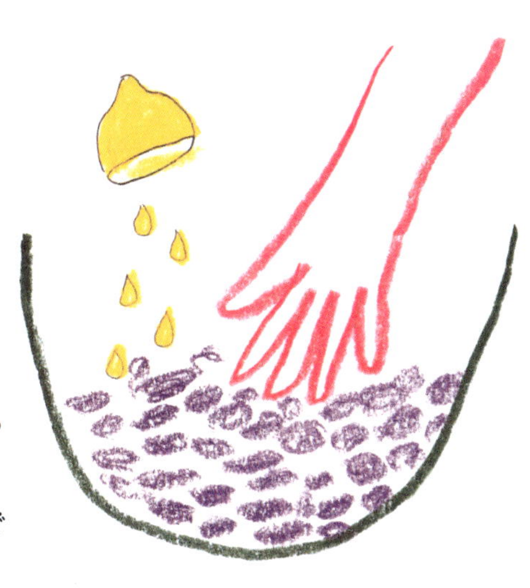

プラム3.2キロをあらって　水きりして
ふいたら　2つにきって　たねをとる。
おおきなサラダボウルにプラムと
レモン1コぶんのジュースをいれて
まぜておこう。

つめたい水500ccと
グラニュー糖2.5キロ
レモンもう1コぶんのジュースをなべにいれたら
火にかけて　グラっといっぺんにたたせよう。
それから　おおきな泡がぶくぶくする火かげんで
5ふん　につめる。

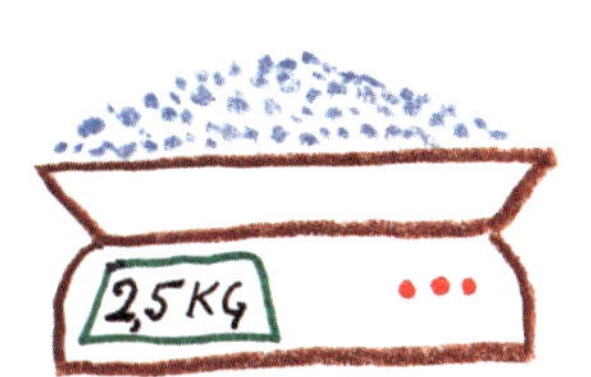

プラムをいれて　まぜたら
グラっといっぺん　にたつのをまとう。

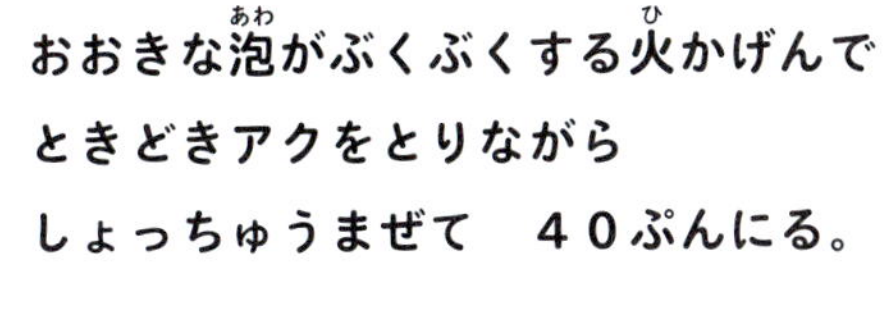

おおきな泡がぶくぶくする火かげんで
ときどきアクをとりながら
しょっちゅうまぜて　40ぷんにる。

びんにつめたら　ふたをして　1じかん
ひっくりかえしとこう。

couvrez largement les zestes d'eau froide et amenez à ébullition.

皮をおおうくらい
たっぷりの
つめたい水をはって
ふっとうさせよう

お湯をきったら
流水で
皮をゆすごう

égouttez alors les zestes et rincez-les sous eau froide.

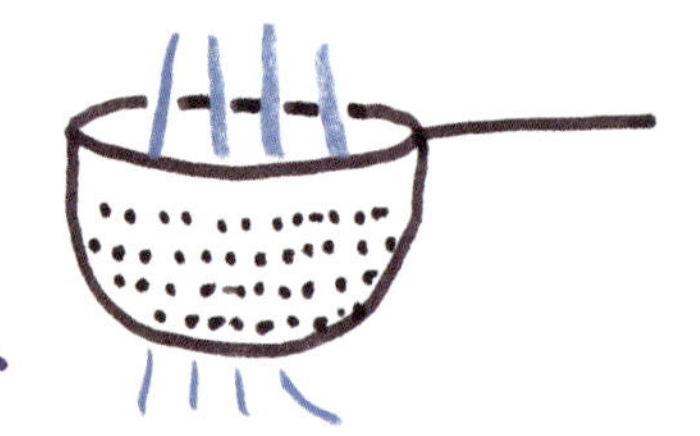

couvrez-les à nouveau d'eau froide amenez à ébullition et laissez cuire 30 minutes à petits bouillons.

あたらしく水をたっぷりそそいだら　もういっぺんふっとうさせて
ちいさな泡がぷくぷくする火かげんにおとして　３０ぷんにる

pelez tous les fruits « à vif »

ぜんぶ皮は《ぶあつく》むこう

et levez les quartiers en glissant la lame du couteau le long des membranes blanches

しろいうす皮にそって
ナイフの刃をすべらせながら　実をきりとろう

Confiture du Soleil 4 Pots

おひさまのコンフィチュール（４びんぶん）

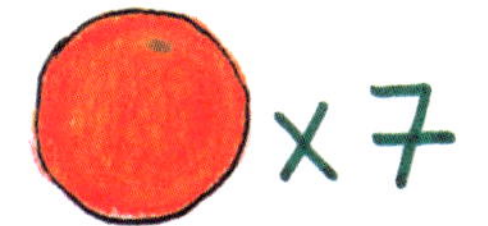

オレンジ７コ　グレープフルーツ４コ　ライム４コ
をよういしよう。

グレープフルーツ１コ　オレンジ２コ　ライム２コ
お湯とブラシで
あらったら　皮をむこう。
むいた皮をほそくてちっちゃな棒みたいにきったら
３０ぷんゆでる（左のページをみてね）。

のこりのくだものぜんぶの　あたまとおしりを
ちょんときって　皮を《ぶあつく》むいたら
実をきりとってサラダボウルにいれよう。
そのうえから　のこったうす皮を《こてんぱん》に
にぎりつぶして　ジュースもしぼりいれたら
おもさをはかって　それとおなじおもさで
さとうをはかる。

ボウルにいれといた実とジュース
さとう　ゆでた皮
しょうがパウダーこさじ１ぱい
（しょうが汁でもＯＫ）

をなべにいれてまぜたら
火にかけて
グラっといっぺんにたたせよう。

そのまま２５ふんにる
（おおきな泡が　ほとんど
なべぜんたいに　みちみちるよ）。

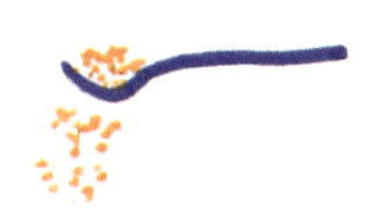

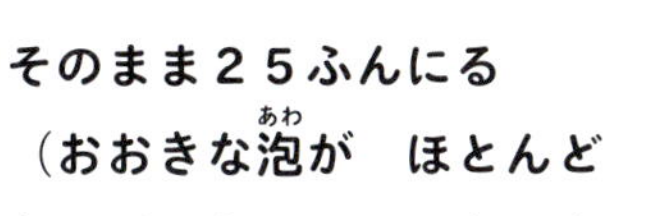

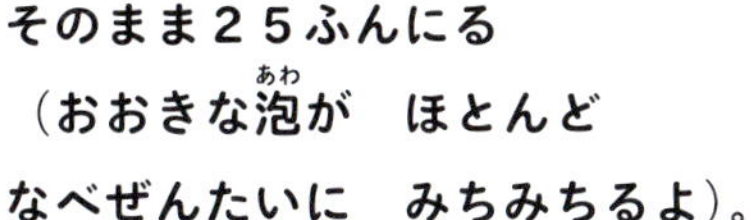

アクをとって　びんにつめたら　ふたをして
１じかん　ひっくりかえしとこう。

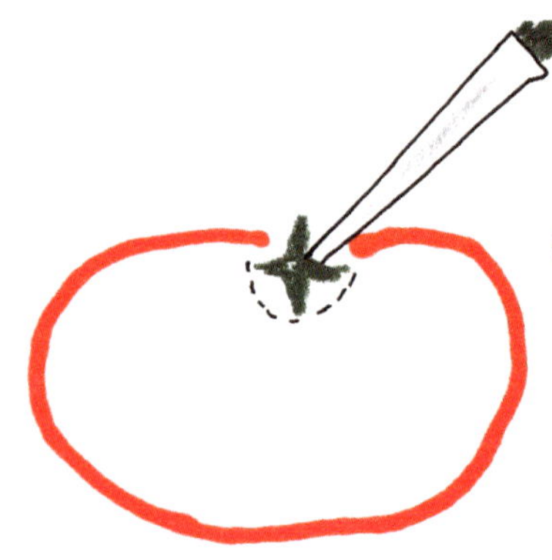

enlevez le pédoncule et jetez
les tomates (2 Kg à la fois)

トマトのヘタを
くりぬいてすてよう
（1回につき
2キロずつ）

あついお湯がはいってる
なべのなかで
３０びょう

pendant 30 secondes
dans la marmite
d'eau bouillante

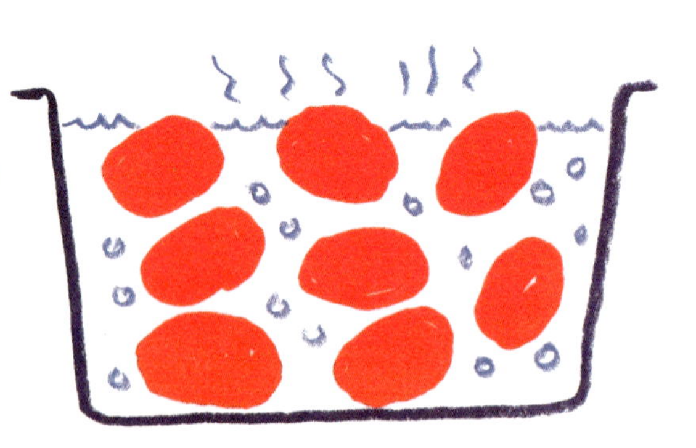

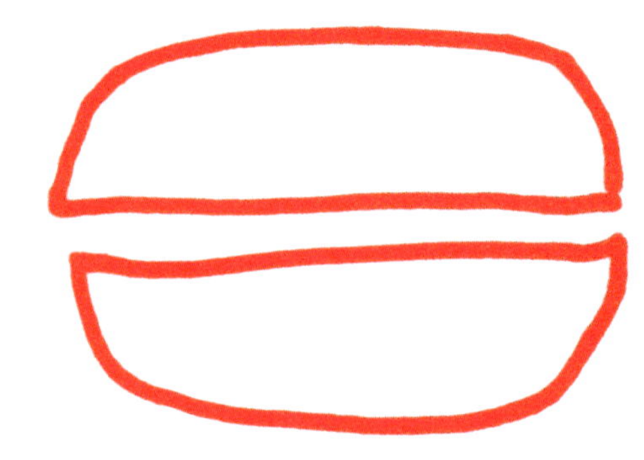

égouttez-les, pelez-les,
partagez-les en 2

ゆがいて
お湯をきって
皮をむいたら
２つにきる

実をぎゅーっと
手でにぎりつぶして
こしたジュースを
あつめよう

et pressez-les
entre les doigts
pour récupérer
le jus filtré.

Confiture de Tomates 10 Pots

トマトのコンフィチュール（１０びんぶん）

レモン３コをお湯とブラシであらったら
ふいて　皮ごとうすくわぎりにしておこう。

トマト６キロ　ゆがいて　皮をむいたら
サラダボウルにジュースをあつめよう（左のページをみてね）。

つぶしたトマトの実（だいたい３．５キロ）
あつめたジュース（だいたい１リットル）
をそれぞれはかろう。

ジュースと　さとう３キロをなべにいれて
まぜたら　グラっといっぺんにたたせる。

おおきな泡がぶくぶくする火かげんで１５ふんにる
（バラ色の泡がなべのなかで　もりあがるかんじ）。

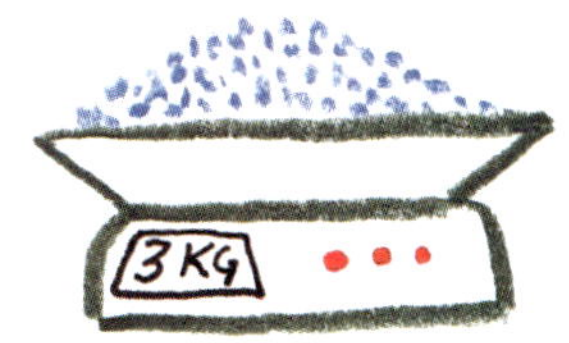

にてるあいだに　つぶしたトマトをちっちゃなキューブの　かたちにきって
バニラのさや２ほん　たてにさいたやつ
わぎりにしといたレモン
しょうがパウダーこさじ３ばい

（しょうが汁でも０Ｋ）

といっしょになべにいれたら　まぜて
グラっといっぺんにたたよう。

中火におとしたら　しょっちゅう
まぜながら６０ぷん　にるんだけど
さいごの１０ぷんは　手をとめないで
かきまぜながらにる。

びんにつめたら　ふたをして
３じかん　ひっくりかえしとこう。

ミシェル・オリヴェ
Michel Oliver

料理家。１９３２年、フランス・ボルドー生まれ。父はパリのミシュラン三つ星レストラン「ル・グラン・ヴェフール」のオーナーシェフだったレーモン・オリヴェ。自らイラストも手がけ、１９６３年に刊行された『料理は子どもの遊びです』がフランスで大ベストセラーとなり、その後もカルト的人気を誇る料理本として読み継がれている。シリーズに本書のほか、『お菓子づくりは子どもの遊びです』がある。

猫沢エミ
Emi Necozawa

ミュージシャン、文筆家、映画解説者、生活料理人。２００２～０６年、一度目のパリ在住。２００７年より１０年間、フランス文化誌「Bonzour Japon」の編集長を務める。超実践型フランス語教室《にゃんフラ》主宰。著書に『ねこしき』『イオビエ』（ともにTAC出版）、『猫と生きる。』『パリ季記』（ともに扶桑社）、『猫沢家の一族』（集英社）など。訳書に本書と同シリーズの『料理は子どもの遊びです』『お菓子づくりは子どもの遊びです』（ともに河出書房新社）がある。２０２２年２月より愛猫を引き連れ、二度目のパリ在住。
Instagram：@necozawaemi

Michel OLIVER :
“LES CONFITURES SONT UN JEU D’ENFANTS”

First published in France by Plon, 2000.
This book is published in Japan by arrangement with Michel Oliver c/o Fabrice Piro
through le Bureau des Copyrights Français, Tokyo.

コンフィチュールづくりは子どもの遊びです

２０２４年９月２０日　初版印刷
２０２４年９月３０日　初版発行

文と絵　ミシェル・オリヴェ
訳　者　猫沢エミ
発行者　小野寺優
発行所　株式会社河出書房新社
〒１６２-８５４４
東京都新宿区東五軒町２-１３
電話０３-３４０４-１２０１（営業）
０３-３４０４-８６１１（編集）
https://www.kawade.co.jp/

装　幀　大倉真一郎
装　画　ミシェル・オリヴェ
組　版　こゆるぎデザイン
印　刷　ＴＯＰＰＡＮクロレ株式会社
製　本　加藤製本株式会社

Printed in Japan / ISBN978-4-309-29427-8

Confiture de Figues
CONFITURE de CERISES
Confiture de Clémentines
Confiture d'ANANAS
CONFITURE de PÊCHES
Confiture de Citrons